ARGENT PUBLIC

des collectivités territoriales

corruption, omerta, gaspillage, incompétence

Corruption : désigne le fait pour une personne investie d'une fonction déterminée (publique ou privée) de solliciter ou d'accepter un don ou un avantage quelconque en vue d'accomplir, ou de s'abstenir d'accomplir, un acte entrant dans le cadre de ses fonctions.

Omerta : silence qui s'impose dans toute communauté d'intérêt.

Sommaire

Introduction

Première partie : corruption, omerta

Préambule

Les dernières vacances de Mr ROBERT

Profils des fraudeurs

1

Seconde partie : gaspillage, incompétence

<u>introduction</u>

L'argent public est une corne d'abondance pour les escrocs et fraudeurs de tous poils. Réaliser l'inventaire exhaustif de toutes les facettes de ce vaste sujet (Qui ? Comment ? Combien ? Pourquoi ?) nécessiterait un travail d'investigation gigantesque. Sans compter que ce travail à peine achevé, il faudrait y ajouter de nouveaux chapitres pour prendre en compte de nouveaux acteurs et de nouvelles combines. Les voleurs ont toujours un temps d'avance sur les gendarmes.

En m'appuyant sur plus de 40 ans d'expérience dans la fonction publique territoriale (essentiellement mairies), je limiterai mon propos à ce secteur et plus particulièrement, dans un premier temps, aux pratiques coupables de certains fonctionnaires territoriaux, essentiellement des services techniques (dont je faisais partie) : corruption et omerta. Sans que cela dédouane les élus qui, à de très rares occasions il est vrai, ont les honneurs des médias et de la Justice. Des cas isolés certes mais qui existent.

Mais la question de l'incompétence et des sureffectifs dans les collectivités territoriales est une autre source d'usage inapproprié de l'argent public, à la différence qu'ils ne sont pas sanctionnés par la loi. On parlera plutôt de gaspillage. Aussi, dans une seconde partie je vous convierai à faire un tour avec Mrs Parkinson (et sa loi trop peu connue) et Peter (et son fameux principe).

PREMIERE PARTIE :
CORRUPTION et OMERTA

PRÉAMBULE

L'objectif de cette première partie est d'apporter un éclairage concret et au plus proche de la réalité sur l'univers complexe des cadeaux et autres faveurs accordées par des prestataires d'une collectivité territoriale aux fonctionnaires donneurs d'ordres ou d'avis, jusqu'à franchir parfois la ligne rouge et floue qui sépare les pratiques admises (législation, usages) et celles qui peuvent s'apparenter à des infractions et à de la corruption. Ce document peut également aider les observateurs extérieurs à faire la part des choses, avant d'envisager de réagir à des situations apparemment anormales et d'alerter les autorités compétentes.

Dans la fonction publique territoriale (FPT) ces faits (cadeaux et faveurs) sont assez fréquents, même si la grande majorité d'entre eux ne constitue pas des infractions. On peut parler de « gestes commerciaux », et de corruption passive ou active lorsque certaines limites sont franchies. On parlera alors hypocritement de « petits cadeaux entre amis » ou « d'échanges de bons procédés ». Cela se passe plus fréquemment au niveau des services des collectivités territoriales d'une certaine importance, lorsque les enjeux financiers deviennent significatifs. Mais ce qui est vrai pour les agents (cadres principalement) de ces collectivités territoriales l'est aussi pour les élus de collectivités territoriales plus modestes (petites et moyennes communes), lorsque ces derniers font plus ou moins fonction de chefs de service, proches du terrain par nécessité.

Dans les collectivités territoriales plus importantes, pour les (très rares ?!) élus peu scrupuleux ou très arrangeants, d'autres opportunités existent, avec la possibilité de mettre en place des systèmes frauduleux de plus grande ampleur et plus sophistiqués. La cupidité se rencontre partout, à tous les niveaux.

Dans le chapitre ci-après, dans lequel nous allons faire connaissance de Mr Robert, il est question d'agissements anciens, prescrits, inspirant en large partie les réflexions qui suivent et qui s'appuient également sur d'autres situations réelles tout aussi anciennes, qui n'ont d'intérêt que comme exemples, pour éviter de rester dans de pures spéculations intellectuelles. Alors, inutile de chercher à mettre des noms. Cela n'aurait aucun intérêt sinon satisfaire une curiosité stérile.

Connaître le passé pour prévoir l'avenir (c'est Nicolas Machiavel qui le dit) et éclairer les personnes de bonne volonté attachées à ce que certaines pratiques cessent et que les fautifs soient sanctionnés, telle est la philosophie générale de cet ouvrage. Car, si les faits évoqués sont anciens, si les temps changent, la nature humaine demeure : le bien, le mal, la générosité, l'abnégation, mais aussi la cupidité, l'individualisme, la tricherie etc. La liste est trop longue. C'est mon sentiment. Et si demain, quelqu'un parvient à me démontrer que toutes les combines qui sont évoquées dans ce document appartiennent à un passé révolu, que la morale et la probité règnent sans partage et à tous les niveaux dans les collectivités territoriales, j'en serai le plus heureux des citoyens.

La société parfaite n'existe pas et n'existera jamais. Certaines microsociétés prétendent atteindre cet idéal, mais au prix d'importantes concessions. Et quand on gratte un peu le vernis on voit apparaître mille horreurs. Le jeu des gendarmes et des voleurs est vieux comme le monde, Il ne cessera qu'à l'extinction de l'espèce humaine.

De son côté, Raymond Aron (philosophe 1905/1983) déclare : « *Connaitre le passé pour s'en libérer* ». Pour aller de l'avant. Sage conseil.

Les dernières vacances de Mr ROBERT

Mr Robert adore son épouse dont il partage le goût pour les destinations exotiques qu'évoquent à l'envi les catalogues des agences de voyage : mer turquoise, plages de sable blond bordées de cocotiers alanguis, jeunes gens à la plastique parfaite patinant en bord de mer etc. Le problème est que ces séjours de rêve coûtent assez cher même quand on gagne bien sa vie comme Mr Robert, directeur des services techniques d'une ville moyenne. Mais ce n'est pas un souci pour Mr Robert qui peut compter depuis des années sur la générosité de quelques entreprises avec lesquelles il entretient d'excellentes relations d'affaires. Mr Robert se montre compréhensif avec ces entreprises en leur garantissant un certain niveau d'activité et un minimum d'embêtement. Alors, reconnaissantes, elles le remercient sous forme de billets d'avion et de séjours agréables, sans oublier bien entendu l'épouse chérie.

De tout cela Mr Robert ne s'en cache guère et parle volontiers autour de lui de ses séjours touristiques crapuleux. Son épouse n'est pas en reste non plus avec ses amies qu'elle fait rêver… Ou qu'elle s'amuse à rendre jalouses. Cela fait partie des échanges de bons procédés entre partenaires qui s'estiment, de ces petites attentions qui rendent les relations professionnelles plus fluides, les nécessaires négociations plus détendues. Tout ceci n'est que saines relations de travail, solides habitudes prises de longue date. Mr Robert étant le grand chef des services techniques municipaux, quoi de plus naturel que lui reviennent les plus beaux cadeaux !

Ainsi vont les choses pour Mr Robert. Ou plutôt allaient. Car cette vie de patachon en bermuda a subitement pris fin le jour où Monsieur le Maire a convoqué Mr Robert pour siffler la fin des réjouissances et des séjours au loin sans bourse déliée. Il lui a fait une proposition qu'il ne pouvait pas refuser (selon la formule consacrée), en lui demandant de but en blanc de quitter sur le champ la mairie pour ne plus jamais y remettre les pieds. En lui laissant sans doute une heure ou deux pour faire ses cartons. Bref, en quelques mots choisis qui n'admettaient pas la réplique, Mr le Maire a viré son directeur des services techniques. Séance tenante.

Mr Robert a-t-il émis des objections, sollicité un délai, ou a-t-il obtempéré sans discuter ? Je ne le sais pas. Ce que je sais, c'est qu'il a reçu l'ordre de ne plus remettre les pieds à la mairie. Il a rangé ses séjours de rêve dans un grand carton de souvenirs et dit adieu à certains projets qu'il caressait peut-être déjà, des destinations sympas qu'il prévoyait d'ajouter à son tableau de chasse.

Oublié aussi le départ en retraite dans la grande salle d'honneur de la mairie pleine à craquer, la médaille de la ville pour lui, et pourquoi pas l'Ordre National du Mérite, le discours de Mr le Maire, le champagne et les petits fours, l'énorme bouquet de fleurs pour sa dame, et la fierté d'avoir mené une longue et belle carrière. Avec en prime les applaudissements - chaleureux forcément - du conseil municipal au grand complet, de ses collègues et de ses collaborateurs. Avec des sourires « grands comme ça ».

<u>Décryptage de cette petite histoire</u> : sous forme de réponses à des questions.

Lorsque cette histoire m'a été rapportée, à chaud, le jour même du tête-à-tête radical entre le maire et son collaborateur, je ne suis pas tombé du placard. Je ne suis pas aussi naïf ! Je n'ai pas posé non plus des questions pour préciser certains points : depuis combien d'années cette combine avait cours ? Quel âge avait le DST ? Etc. Je ne connaissais pas les deux principaux protagonistes : le maire et son DST. C'était il y a plus d'une vingtaine d'années déjà et ma mémoire n'est pas parfaite. Je crois me souvenir avoir pensé que ce collègue était un fameux gredin ; je m'en suis amusé un instant et suis passé à autre chose.

Aussi, pour l'analyse et les réflexions qui vont suivre, je me contenterai de formuler des hypothèses en puisant dans ma longue expérience d'autres arrangements avec la loi et la morale, dont j'ai eu connaissance de sources certaines, voir le témoin direct.

<u>Comment ce type de situation a pu se mettre en place et perdurer</u> ?

Les combines de Mr Robert peuvent avoir commencé à une époque assez lointaine (dizaines d'années), lorsque les partis politiques faisaient ce qu'ils pouvaient pour se financer de manière plus ou moins opaque. Pour s'en convaincre, il faut se souvenir des grandes affaires qui ont commencé à défrayer la chronique dans les années 90. Avaient-ils le choix ces élus bidouilleurs ? Et puis, la corruption pour servir une cause noble, ce n'est pas la même chose que pour enrichissement personnel ! Sauf lorsque certains petits soldats ont tendance à prélever une part conséquente de cet argent gris pour leur propre compte !

De part sa position hiérarchique et stratégique, Mr Robert pouvait avoir été un acteur essentiel d'un système occulte de financement du parti qui dirigeait la mairie depuis des lustres. Et pour Mr Robert, ces voyages d'agrément étaient en quelque sorte son salaire pour service rendu à la noble cause, quand d'autres se contentaient de la satisfaction du devoir accompli. Tout le monde n'a pas les mêmes valeurs !

Tellement sûr de lui, de son impunité, de ses protections, de son indispensabilité, Mr Robert aura pris goût à la chose, comme d'une sorte de droit, sous le regard complaisant de ses employeurs. Il n'a probablement pas compris que les temps changeaient avec la mise en place de sources légales de financement des partis, qu'il était devenu de moins en moins indispensable, et qu'il continuait de ponctionner des entreprises de moins en moins pour la bonne cause et de plus en plus pour la satisfaction de ses goûts de voyages avec madame. Jusqu'au jour où le maire a estimé que le moment était venu de réagir et de passer à l'action, de gommer cette tache un peu trop visible avant qu'elle ne s'élargisse de manière incontrôlée et dévaste tout, lui en premier, en l'éjectant de son siège de maire.

Car, un jour, ces combines auraient fini par être connues d'un plus grand nombre, jusqu'à, qui sait, attirer l'attention d'un journaliste en mal de copie croustillante. Sans compter les collègues et les collaborateurs de Mr Robert qui savaient, ou se doutaient, qui rongeaient leur frein, sachant que Mr Robert bénéficiait de la protection des élus jusqu'au jour où, sentant confusément le vent tourner, ils allaient sortir de leur silence. Par jalousie ou par amour des valeurs morales ? Qu'importe ! À une certaine époque, quand le gâteau était plus gros, chacun en croquait sans doute. Jusqu'à ce que les largesses de certaines entreprises ne finissent plus à n'engraisser qu'un seul individu.

À l'approche d'échéances électorales, le maire s'est donc soucié d'écarter ce collaborateur encombrant qui se montrait bien trop gourmand pour des temps nouveaux aspirant à davantage de transparence et d'éthique. En agissant alors qu'il était encore temps, il pourrait se prévaloir d'avoir mis un terme à ce scandale, d'autant plus s'il avait été absent au moment ou tout cela avait commencé, innocent héritier d'un système douteux qu'il avait cautionné certes, mais par fidélité morale à des prédécesseurs dont il voulait préserver la mémoire. Pour des raisons tout à son honneur.

<u>Pourquoi Mr Robert n'a pas contesté son éviction ?</u>

Mr Robert a fait ses cartons sur le champ comme un golden boy pragmatique de grande banque américaine qui sait qu'il n'y a plus d'argent à gagner dans son entreprise qui a fait faillite.

Sans doute une petite voix disait à l'oreille de Mr Robert que les temps avaient effectivement changé et que ses petites turpitudes ne pouvaient pas durer indéfiniment. Mais il était pris dans une spirale de facilité. Et cela faisait tellement plaisir à madame ! Il avait probablement déjà noté qu'il était le seul profiteur des largesses des entreprises, et que plus les années passaient, plus son chantage tacite à la délation perdait de sa puissance. Le rapport de force avait évolué en sa défaveur, et ces années de corruption jetées sur la place publique pouvaient lui causer bien plus de tort qu'à ses élus. Avec pour lui, en fin de compte, beaucoup d'argent à rendre, sans compter des frais d'avocat et de justice. Et la honte pour lui et sa famille ! Et même, suprême perfidie du destin, le maire pouvait avoir le beau rôle en étant celui qui dénonçait un système mis en place vraisemblablement par ses prédécesseurs. Mr Robert était un peu escroc par nature ou par faiblesse, mais ce n'était pas un idiot. Il a très bien pu comprendre tout cela en une fraction de seconde. L'effondrement brutal de son petit univers d'arrangements avec l'éthique ne l'avait pas complètement pris au dépourvu.

Il a seulement dû renoncer à la réalisation du crime parfait, comme d'autres y étaient parvenus avant lui peut-être, ou plutôt très certainement. Qui, au terme d'une longue carrière n'a pas le souvenir d'au moins un collègue ou d'un chef, fonctionnaire modèle en apparence mais crapule patentée en réalité, abuser leurs employeurs pendant des années, avant de quitter la scène couverts d'honneurs ?

Et puis, le maire, pas sot non plus, a pu lui faire une proposition très avantageuse financièrement. Par exemple :

• Imaginons Mr Robert proche de la retraite, par exemple moins de deux ans. Il a pu être prié de ne plus remettre les pieds en mairie tout en gardant sa rémunération (j'ai des exemples), y compris les primes confortables (idem). Le cas échéant, il a pu conserver son logement de fonction, gratuit ou assorti d'un loyer très avantageux. Moins certain pour la voiture de fonction, trop voyante. Avant de faire discrètement valoir ses droits à la retraite. Oublié déjà. Tout cela n'est pas très moral et même tout à fait illégal, mais cela se fait.

• Autre possibilité : la prise en charge de Mr Robert par le CNFPT (Centre National de la Fonction Publique Territoriale) en conformité avec la règlementation applicable aux cadres supérieurs occupant un « emploi fonctionnel », mais sans le régime indemnitaire (très important dans la filière technique), jusqu'à la fin de la carrière. Solution moins avantageuse pour Mr Robert, et aussi pour la mairie qui doit verser au CNFPT une contribution financière, certes dégressive, mais importante les premières années. Avec le risque de contrarier Mr Robert et l'inciter à déverser sa bile inconsidérément. Par dépit.

o On peut imaginer un mixage de ces deux hypothèses, ou même la mise en place d'un temps partiel bidon.

Nota : *depuis ses tous débuts en 1984, le dispositif d'accompagnement des cadres de la FPT déchargés de fonction (en clair virés) a beaucoup évolué, et plus encore à partir de la loi n° 2019-828 du 6 août 2019. Au tout début du dispositif, un cadre pouvait être mis à disposition du Centre National de la Fonction Public Territoriale avec effet quasi immédiat. Un CNFPT qui ne s'en intéressait guère, se contentait de rémunérer le cadre évincé, qui pouvait végéter **Ad vitam æternam,** payé à ne rien faire et abandonné à son triste sort. À présent, tout un dispositif théoriquement contraignant pour la collectivité territoriale accompagne le cadre évincé, lui permettant de retrouver (théoriquement là aussi) plus facilement une nouvelle affectation. Le dispositif l'incite (l'oblige en fait) également à essayer de s'en sortir. Au fil des décennies, on peut espérer que les mentalités ont un peu évolué et que le cadre déchargé de fonction n'est plus, ou un peu moins, un paria, une brebis galeuse dont personne ne veut dans son troupeau. Mais on est encore loin de l'Amérique et de son « agilité ».*

<u>Complaisance des entreprises ?</u>

Pour certaines entreprises, offrir des « repas d'affaire », des « voyages techniques » ou des « séjours touristiques » à un fonctionnaire d'une certaine importance et sensible à ce genre d'attentions, cela ne fait pas grande différence, surtout dans le cadre d'arrangements au plus haut niveau. Cela ne représente que des sommes relativement modestes qu'elles sont certaines de répercuter dans leurs factures. Dans le pire des cas, leur ligne de défense est facile à imaginer : elles n'avaient pas le choix si elles voulaient maintenir leurs chiffres d'affaires et donc leurs emplois. Ce qui pouvait être la réalité. Sauf si elles-mêmes se goinfraient un peu trop sur le dos des contribuables : grosses rémunérations, voitures de luxe, patrimoine immobilier, voyages haut de gamme etc. Elles n'ont aucun intérêt à briser la loi du silence, sauf pour trahir d'éventuels complices afin d'échapper à une sanction de justice trop lourde. Être celui qui brise l'omerta au bon moment est tout un art. Rater le coche, c'est risquer la très grosse amende voir la prison au lieu d'une grosse tape sur les doigts ou une amende raisonnable.

<u>Ignorance des habitants ?</u>

Pour la grande majorité des habitants, la mairie est une forteresse complexe qui ne les intéresse pas. Une poignée se doute qu'il s'y passe probablement des choses pas toujours très claires, mais ils ont une si piètre opinion de la politique et accessoirement des fonctionnaires !... Et du moment que cela tourne à peu près rond… Quand à ceux qui se verraient bien prendre la place des titulaires actuels, ils réfléchissent à deux fois avant de donner des leçons de morale. Mais pour les petites combines touristiques et familiales de Mr Robert, cela faisait un peu trop quand même. Le maire en place l'a bien senti aussi, d'où la mise à l'écart de son DST.

<u>Qu'en pensaient les collègues et les collaborateurs ?</u>

Certains pouvaient ne pas être en reste en matière de petits arrangements dans un contexte d'ambiance générale plus ou moins délétère au sein des services de la mairie : horaires de travail élastiques, heures supplémentaires fictives, pauses et congés à rallonge, régime indemnitaire et avancements généreux. On hésite alors à se lancer dans le jeu dangereux du lanceur d'alerte, du père la vertu lorsqu'on n'est pas soi-même blanc comme neige et qu'on imagine que l'employeur est complaisant, voir pire. La plupart du temps, ce genre d'initiative est synonyme de suicide professionnel, voir social, lorsque c'est toute une famille qui sombre dans le sillage du capitaine trop audacieux. Et blanc comme neige, qui ne l'est jamais ?

On peut imaginer que certains agents intègres rongeaient leur frein. Mais de là à franchir le Rubicon !

Dans un contexte qui commençait à s'assainir et à rejeter ce genre de pratiques frauduleuses, il est possible que les autres agents aient applaudi discrètement au coup de force du maire, qui aura pu faire d'une pierre… plusieurs coups. Quand le couperet tombe enfin, on oublie vite toutes les années d'abus. On apprécie également de se voir dispenser de devoir assister au départ en retraite d'une crapule, aussi sympathique soit-elle, et de faire semblant d'être joyeux. En grinçant des dents.

<u>Et la morale dans tout ça ?</u> Elle n'y trouve guère son compte il est vrai.

D'un côté un arrangement discutable sur le plan de la morale et le cas échéant de la loi (en cas d'emploi fictif) mais qui clos définitivement le dossier en enlevant une épée de Damoclès au dessus de la tête du maire. De l'autre, dans le cadre d'une démarche plus rigoureuse, cela aurait entrainé le dépôt d'une plainte en bonne et due forme, des investigations, des avocats qui coûtent cher, de vieux cadavres qu'on sort des placards, dissimulés par des protagonistes qui ne sont plus aux affaires depuis des lustres, parfois au cimetière. Une procédure qui traîne en longueur et finit par empoisonner tout le monde. Des élections qui pourraient voir arriver de nouvelles têtes, d'autres élus, pas nécessairement plus vertueux que leurs prédécesseurs. Et à la fin, des condamnations plus ou moins symboliques, des procédures d'appel etc.

Là, en cinq minutes d'un face à face finalement assez courtois, la question a été réglée et on peut passer à autre chose. Bon sens et pragmatisme. Il n'est après tout question que d'argent, et pas des millions. Pas de quoi en faire un fromage !

Pour ma part, je me souviens en avoir souri, d'autant que je n'apprenais rien véritablement. Mon informateur, pour qui j'avais la plus grande estime, n'était pas ignorant de toutes ces faits car proche des deux principaux protagonistes. Par ses confidences, il soulageait sa petite conscience, son silence complice, ce qui est compréhensible et humain. Il ne faisait que confirmer ce que je soupçonnais au sujet des arrangements existants dans certaines collectivités territoriales et chez certains cadres supérieurs, en particulier du secteur technique, là où pas mal d'argent circule et que je connaissais très bien pour en avoir fait partie.

Et puis l'affaire était close, le coupable sanctionné, même si je me doutais que ce dernier s'en sortait très bien. Une petite tape sur les doigts et la très probable frustration d'un départ en catimini, un peu honteuse, sans les honneurs et tout le tralala. Alors qu'il rêvait sans doute déjà du hold-up parfait, comme un bandit à qui l'on attribuerait la Médaille du Mérite après un braquage réussi. Ce genre de personnage apprécie justement de tels honneurs.

À deux reprises, dans ma carrière, j'ai eu droit à un départ officiel en grandes pompes avec le maire et ses principaux adjoints, mes collègues, les discours flatteurs, le champagne et les petits fours. Venant de personnes que j'appréciais, j'avais été flatté de toutes ses attentions, mais aussi assez embarrassé, surtout au moment de prendre la parole devant un tel aréopage. Mais je sais que pour certains cadres, ce type d'hommage est très important.

Par instinct autant que par expérience, je savais que dénoncer ces faits (à qui ?) qui ne me concernaient pas n'aurait non seulement servi à rien, mais m'aurait attiré les pires ennuis et la perte de la confiance de mes employeurs, d'autant que j'occupais moi aussi un poste de DST. Je n'étais pas rémunéré pour jouer au chevalier blanc. Et à vrai dire, l'idée ne m'a pas effleuré une seule seconde.

<u>Pour tout dire :</u>

Les voyages crapuleux en amoureux de Mr Robert n'était qu'un aspect, finalement accessoire et il est vrai superflu, une tolérance, de tout un ensemble de pratiques qui n'avait plus vocation à perdurer dans la mesure où de nombreuses choses avaient évoluées : financement légale des partis, règles plus tatillonnes pour les marchés publics, une meilleur circulation des informations, et peut-être sur le plan local, des évolutions de couleurs politiques. Mr Robert était un dinosaure qui avait fini par ne plus faire rire et pouvait représenter un danger électoral. Sans doute, aurait-il été avisé de tout arrêter avant qu'on le lui impose. Mais d'autres s'en sortaient avec les honneurs après des années de magouilles, alors pourquoi pas lui ? Il n'a pas vu que sa situation se fragilisait insidieusement, grisé par cette vie facile. Il aura fait le voyage de trop.

Profils des fraudeurs

Dans ce chapitre, il est question des agents (essentiellement des cadres) qui s'engagent délibération ou à « l'insu de leur plein gré » et se laissent happer dans la spirale des petites attentions, des petits cadeaux, parfois un peu gros, voir bien trop gros pour être honnêtes, jusqu'à relever de la corruption pure et simple, qui peut vous conduire devant un tribunal, ou au mieux et à moindre mal devant un conseil de discipline, avec la variante du tête-à-tête radical avec le maire, comme Mr Robert. Sauf pour les plus chanceux ou les plus adroits qui parviennent à passer entre les mailles du filet pendant toute leur carrière. Ce que j'ai pu observer.

<u>Le fraudeur pathologique</u> : il semblerait que ce soit effectivement une pathologie. Une sorte de maladie chronique quasi incurable. Naît-on corrompu ou le devenons-nous ?

Tromper son monde, se remplir les poches chaque fois qu'il en a la possibilité, c'est sa manière d'être, d'appréhender l'existence. Incurable manipulateur, escroc dans l'âme, mais sans état d'âme. Pas un criminel, mais avec un cerveau qui fonctionne comme un tiroir caisse avec des touches secrètes. Dans une autre vie, il serait gourou ou usurier. La combine est dans son ADN. L'argent est son dieu. C'est un matérialiste assumé, un égocentrique bien souvent dépourvu d'empathie.

Espèce fort heureusement très rare mais qui existe cependant. Un profiteur qui considère qu'il est parfaitement adapté à la société telle qu'il la conçoit, celle faite pour les malins. Et tant pis pour les autres ! Il se considère comme un type normal ; ce sont les autres, les idiots, qui n'ont rien compris.

Les à-côtés dont ce genre de personnage dépourvu de scrupules peut profiter peuvent s'élever à quelques centaines ou milliers d'euros. Plus rarement quelques dizaines de milliers. Pour beaucoup, cela dépend de la taille du citron que l'on peut presser sans que cela devienne trop flagrant. Pour ajouter un zéro, il faut plutôt aller voir du côté des grandes institutions de l'État, lorsque l'on brasse des dizaines ou des centaines de millions d'euros. Par exemple dans l'affaire du sang contaminé qui n'a été révélée qu'au prix de nombreux morts innocents. Mais on touche là à l'exceptionnel en entrant dans l'univers des Mozart de la corruption et de la combine.

Lorsqu'il opère en solo, à l'insu de son employeur (rien à voir donc avec Mr Robert), ce genre de fonctionnaire sait habituellement se faire apprécier. C'est un hyperactif, toujours disponible. Il contrôle tout, ce qui demande du temps et de l'énergie, mais cette hyperactivité impressionne ses patrons. Le cas échéant, il pourra même prendre la carte du parti qui dirige la collectivité territoriale. Aussi, l'employeur a beaucoup de mal à accepter la triste réalité quand elle finit par lui éclater à la figure, lorsque le collaborateur modèle est pris la main dans le pot de confiture. La honte aussi d'avoir été berné pendant des années. Le retour sur terre de l'élu ayant une haute opinion de son flair infaillible et de sa grande connaissance de la nature humaine est un moment difficile qu'il préférera oublier. D'où le recours à la négociation, la morale dut-elle ne pas y trouver son compte.

Habituellement, ce type de fonctionnaire fera une belle carrière, quitte à changer d'employeur lorsqu'il sent que cela commence à chauffer pour ses oreilles. C'est un caméléon aussi à l'aise dans les combines que devant un jury de recrutement. En fait, c'est un peu la même démarche : abuser, se vendre, tromper l'autre. Avec la possibilité de rencontrer des frères d'armes avec qui il pourra faire équipe pour encore plus de fraudes... Attention, cela ne signifie pas que les cadres qui réussissent sont des personnes malhonnêtes, mais simplement qu'un cadre un peu ou beaucoup escroc saura mieux se vendre qu'un cadre honnête.

<u>Le fraudeur par faiblesse</u> : presque sans en avoir conscience. À l'insu de son plein gré selon la formule célèbre.

Cet agent peut au départ avoir été piégé par une entreprise habile. Certaines savent très bien s'y prendre en jouant adroitement avec le curseur de l'acceptabilité jusqu'à franchir par paliers la ligne rouge qui fait du fonctionnaire ou de l'élu lambda un partenaire complaisant et le cas échéant complice selon l'efficacité du piège et la réceptivité de la proie. Après, tout dépend de l'épaisseur de l'enveloppe garnie.

Ce fraudeur à la petite semaine peut également accepter des faveurs et autres gâteries pour faire comme les autres, parce que cela fait partie des pratiques habituelles de sa collectivité territoriale ou du secteur professionnel où il exerce ses talents. Là aussi, cela dépend pour beaucoup des masses budgétaires en jeu et du poids de l'agent dans le processus décisionnel au sein de son administration. Ce qui est inacceptable ici, fera partie des us et coutumes en d'autres lieux.

Cet agent plus ou moins piégé n'a d'ailleurs pas le sentiment d'être corrompu, sauf lorsque la réalité lui tombe dessus et qu'il prend conscience qu'il s'est fait berner et qu'il est allé trop loin. Mais pour avoir permis que le piège se referme sur lui, il a bien fallu, la plupart du temps qu'il possède certaines prédispositions pour la chose. À moins que ces pratiques fassent complètement partie de son paysage professionnel.

Certains peuvent prendre goût aux petits cadeaux, et finissent par ressembler aux fraudeurs pathologiques ou en devenir un, se révélant à eux-mêmes leur véritable nature.

Pour d'autres, agents intègres qui se sont fait piégés ou ont eu un moment d'égarement, leur situation peut devenir très désagréable moralement et leur causer de grosses insomnies. Mais comment sortir de ce piège diabolique ? Une deuxième chance pourra-t-elle leur être accordée ? Honnêtement, on peut en douter. Mais cela arrive ou devrait pouvoir arriver.

<u>Et tous les autres</u> ? Les plus nombreux en fait.

Quelques lignes pour le fonctionnaire et l'élu parfaitement et viscéralement intègres, insensibles aux attentions des prestataires, que ces derniers ne chercheront même pas à piéger et pour lesquels ils se contenteront du service minimum, du repas d'affaire annuel et du modeste cadeau de fin d'année : la bonne bouteille ou le gadget du moment.

<u>Les entreprises corruptrices</u> :

Pour certaines entreprises, corrompre ou pour le moins manipuler leurs donneurs d'ordres fait partie de leur culture, de leur conception des affaires. Et, d'une manière générale, psychologiquement, les corrompus et les corrupteurs actifs sont assez semblables. Ce qui explique beaucoup de choses, et avec quelle facilité ils peuvent mener leurs fraudes. Voir plus loin le témoignage personnel : « du lard ou du cochon ».

Mais parfois, les entreprises n'ont pas le choix si elles veulent travailler avec telle collectivité territoriale dont un ou plusieurs acteurs majeurs (fonctionnaire ou élu) sont corrompus, que ce soit pour la bonne cause (alimenter les caisses d'un parti suivant le schéma d'un passé à présent plus ou moins révolu) ou par pure cupidité.

J'ai par exemple fait l'expérience d'une collectivité territoriale où des entreprises qui, après avoir été dans la nécessité de « cracher au bassinet » pendant des années, ont apprécié de pouvoir recommencer à travailler dans des conditions normales après un changement de direction. Certes, avant ce changement de cap, elles auraient pu simplement refuser de marcher dans les arrangements… Et fermer boutique. Avaient-elles le choix ? Il n'y a pas tous les méchants d'un côté et les gentils de l'autre. Ce serait trop simple !

Bonus : le directeur des services techniques (DST) idéal.

Il y a assez longtemps, un directeur général des services d'une ville moyenne (DGS) me parle de son directeur des services techniques (DST) en terme élogieux (mais teinté d'interrogation toutefois). Un ingénieur formidable, ne comptant pas ses heures, toujours sur la brèche, toujours disponible, qui voit tout, supervise tout. L'équipe municipale, le maire en premier, ne jure que par lui et se réjouit de pouvoir compter sur un tel DST, une telle perle rare. Des élus que le DGS en mal de confidences qualifiait de « braves gens ». Ce qui, dans ce contexte, n'est pas spécialement flatteur.

Après cette brassée de fleurs destinées à un collègue que je ne connaîtrais jamais, j'interroge le DGS : « Je parie que les collaborateurs de ton DST n'apprécient pas trop tout cela ? » Réponse un peu désabusée du DGS : « effectivement ». Pas complètement idiot le collègue !

Alors, bon DST ou pas ?

Mon avis. Qui n'a donc pas complètement surpris mon interlocuteur.

Ce DST devait être un bon ingénieur, un bon technicien de terrain, mais de toute évidence, ce n'était pas un bon DST. Car la mission principale d'un DST est de rendre ses collaborateurs efficaces. Or, si ce DST était à 150 %, l'ensemble des agents des ST dont il avait la responsabilité ne devait l'être qu'à 50 ou 60 %. Et donc, globalement, les moyens humains des ST étaient sous employés. Pourquoi ?

- *Ce DST était incompétent en tant qu'encadrant ; il ne possédait pas le savoir-faire requis ; il ne maîtrisait pas les subtilités de la délégation, laissant ses collaborateurs sur leur faim, frustrés. Il n'était qu'un « super petit chef ». Ses techniciens étaient employés comme de simples assistants, des surveillants de travaux, sans marge de manœuvre, sans possibilité de prendre des initiatives puisque c'est le chef qui décidait de tout. Des collaborateurs sans cesse à attendre les ordres du grand chef hyperactif avant de pouvoir lever le petit doigt.*

- *Ou bien, ce DST savait très bien ce qu'il faisait. Il avait parfaitement jugé ses « braves élus » auprès desquels il faisait tout pour se rendre indispensable, irremplaçable. Par orgueil ? C'est une possibilité. Plus probablement par calcul ou par instinct, pour monnayer son « indispensabilité » : un logement de fonction, une voiture de fonction, un avancement de carrière accéléré, de super primes. Pire encore : faire accepter certaines libertés qu'il prenait à l'occasion avec les règles, les lois ou la morale, la main mise sur l'attribution des marchés. Etc.*

Et, de la même manière qu'il se rendait indispensable auprès des élus, il se rendait incontournable auprès des entreprises qu'il pouvait faire passer sous ses fourches caudines jusqu'à peut-être les contraindre à « cracher au bassinet ».

Hypothèse très pessimiste mais tout à fait plausible, dans la mesure où ce DST se comportait comme se serait comporté un DST corrompu.

Nota : l'expression « petit chef » n'a rien de péjorative. Ce sont les supérieurs directs du personnel d'exécution. Et cela n'a rien de facile.

<u>*Bonus bis*</u> *: « du lard ou du cochon ? » Expérience personnelle.*

Je suis alors un tout jeune ingénieur, mais avec déjà des responsabilités, des marges de manœuvre et un certain pouvoir décisionnel. J'ai la chance d'avoir un supérieur direct intelligent et compétent. Un as de la délégation.

Deux entrepreneurs m'invitent à un repas entre midi et deux heures. Cela ne m'étonne pas ; je connais déjà les mœurs du milieu du bâtiment où les moments de convivialité devant un bon repas sont prisés et monnaie courante, d'autant plus que l'activité est soutenue à cette époque de fin des trente glorieuses et qu'il y a du travail pour tout le monde, avec, pour les entreprises, des carnets de commande bien remplis. Peut-être suis-je aussi flatté de ce traitement de faveur. Je me sens important malgré mon jeune âge et ma modeste expérience.

De ce repas, au niveau de l'aspect logistique et culinaire, je n'ai plus que le vague souvenir d'une auberge isolée au fond des bois, d'un grand plat d'huîtres bien installées sur leur lit d'algues, et de la vinaigrette à l'oignon, ou plutôt à l'échalote, aux saveurs plus subtiles.

Être invité par deux entreprises en même temps est tout à fait inhabituel, mais je ne suis pas surpris outre mesure. L'une opère dans la charpente bois, l'autre dans les travaux de couverture. Ces deux entreprises, bien connues sur la place et bénéficiant d'une bonne réputation, ne sont pas concurrentes mais complémentaires. Elles interviennent fréquemment sur les mêmes chantiers où elles coordonnent leurs interventions. La mise hors d'eau d'un bâtiment est une étape importante, qui donne le top départ des corps d'état secondaires ne pouvant travailler qu'au sec. Il est donc primordial que le couvreur suive de près l'intervention du charpentier.

Les deux chefs d'entreprise sont des trentenaires sympathiques, des bons vivants, décontractés, qui paraissent s'entendre comme larrons en foire. Être à la tête d'entreprises prospères, cela aide à voir la vie du bon côté, et après tout, ils n'ont qu'une dizaine d'années de plus que moi. Au détail près que nous ne sommes pas du même côté de la barrière.

L'ambiance, les huîtres et le muscadet aidant, les deux bonhommes se laissent aller à quelques confidences sur certains « à-côtés » de leur bizness. C'est ainsi que le charpentier évoque ses débuts dans le domaine des travaux sur les monuments historiques, chasse gardée d'une poignée d'entreprises possédant les compétences requises et une bonne réputation pour ce secteur juteux, moins concurrentiel, aux financements assez généreux et aux architectes moins regardant sur les prix.

Prudent, il parle autour de lui de ses ambitions dans ce créneau lucratif, se doutant de l'existence de portes secrètes et de certaines connivences entre les protagonistes.

Effectivement, assez vite, il est contacté par le patron d'une entreprise plus ancienne que la sienne qui lui tient à peu près ce langage : « Alors, mon gars, tu t'intéresses aux monuments historiques ? Pas de problème ! Il y a beaucoup de boulot ces temps-ci et de la place pour tout le monde. Mais il y a des règles à respecter pour que chacun y trouve son compte et que cela ne tire pas les prix vers le bas. Tu vois : pour le prochain appel d'offres, c'est déjà décidé. C'est « untel » qui aura le marché. Alors tu feras une offre avec le prix que je vais t'indiquer. Mais ton tour viendra bientôt ».

L'épilogue de cette confidence est un éclat de rire que partagent les deux compères, décidément très complices. « Le plus marrant dans tout ça, déclare le charpentier, c'est que j'ai fait comme on m'a dit, mais c'est quand même moi qui a eu l'affaire ».

<u>*Décryptage :*</u>

- *Première analyse sommaire qui fut la mienne sur le coup.*

Bien entendu, je n'ai pas trouvé cette histoire très morale malgré sa conclusion inattendue, mais je ne me sentais pas concerné. Mon employeur ne réalisait que rarement des travaux de type monuments historiques. Nos procédures d'appel d'offres étaient bien rôdées et ces deux entreprises appréciées n'avaient pas d'autre choix que d'entrer dans le moule. Ensuite, ces arrangements délictueux entre entreprises n'avaient pas l'air de bien fonctionner. Vouloir s'entendre entre entreprises est une chose, y parvenir en est une autre, et cela reste un jeu risqué.

Je ne me souviens pas avoir fait de commentaire particulier, tout occupé à déguster mes huîtres. À chacun ses priorités !

- *Seconde analyse, beaucoup plus tard.*

Décidément, le contexte de ce repas était spécial : une auberge isolée, deux entreprises invitantes et moi tout seul. Et cette anecdote qui finit en queue de poison ! Une histoire d'entente entre entreprises qui se transforme au final en une tentative ratée, tendant à montrer que ce genre de combine relève davantage de la légende urbaine que de la réalité.

Par la suite, je n'ai plus été invité par ces deux entreprises que je connaissais bien et avec lesquelles mon service a continué à travailler régulièrement, n'étant par ailleurs pas demandeur de ce genre de repas. Je préfère de loin les bons repas avec ma famille ou mes amis.

Avec le recul, j'ai à présent la conviction qu'ils me testaient. Certes, les deux entrepreneurs ne s'attendaient pas à ce que je leur saute au cou en leur disant : « Je suis votre homme mes amis, si vous avez d'autres combines de ce genre, n'hésitez pas à me solliciter, et financièrement, je suis certain que nous arriverons à nous entendre ; je saurai me montrer raisonnable ».

Non, ils n'espéraient pas ce genre de réaction de ma part, mais quelques signes les incitant à penser que je n'étais pas choqué, mais plutôt intéressé, atteint du fameux syndrome des escrocs patentés ou en devenir. Un jeune ingénieur prêt à plonger dans certaines eaux troubles des « arrangements entre amis ». Et plus si affinité.

Au lieu de cela, j'ai manifesté une certaine indifférence qui les a conduits à penser qu'avec moi, ce serait « boulot-boulot ». Peut-être même m'ont-ils considéré comme un crétin indécrottable qui ne comprend rien à rien. Un idiot. Qu'importe ! Et pour tout dire, de leurs combines, je m'en moquais dans les grandes largeurs. Mais ils avaient allumé une petite lumière rouge dans mon esprit. Alors, par précaution, ils avaient livré cette épilogue insolite en forme de farce qui les dédouanait et me faisait passer le message qu'ils appartenaient en fait à la catégorie des entreprises parfaitement honnêtes.

<u>Bonus ter</u> : « Surtout, pas de pénalités ! » Autre expérience personnelle.

Sur les chantiers, pour inciter les entreprises à respecter les délais, il y a les pénalités de retard... Qu'on applique... Ou pas. L'objectif du maître d'ouvrage - le client, celui qui décide et qui paie - n'est pas de mettre en difficultés financières les entreprises avec des pénalités qui impacteraient directement leurs marges bénéficiaires. Par ailleurs, certains délais ne correspondent pas nécessairement à un enjeu particulier. Livrer une école pour la rentrée scolaire est important ; la livraison d'un gymnase scolaire n'a pas forcément la même signification, surtout si elle doit intervenir en cours de saison. Devoir retarder de quelques jours ou quelques semaines la mise en service d'un équipement public, ce n'est pas la mer à boire. On a généralement le temps de s'organiser, à moins que les derniers corps d'état fassent défaut sans prévenir, ou au tout dernier moment.

Par ailleurs, pour une opération comportant plusieurs lots séparés et souvent autant d'entreprises différentes, il n'est pas toujours évident de désigner laquelle est responsable d'un éventuel retard de livraison. Le maître d'œuvre qui établit le planning détaillé n'est pas non plus infaillible et certains délais accordés à telle ou telle entreprise peuvent se révéler intenables. Un chantier de bâtiment, en particulier au moment du second œuvre et en toute fin de travaux, est une sorte de ballet normalement bien réglé, mais avec d'inévitables aléas qui nécessitent des corrections du planning initial.

Conséquence : les pénalités de retard sont un bâton qu'on utilise peu souvent. Mais il ne faut pas non plus que les entreprises prennent trop leurs aises. Il faut aussi tenir compte de leur bonne volonté et sanctionner celles qui ne font aucun effort, ou un effort insuffisant pour respecter les délais. En clair, le calcul et l'application des pénalités de retard est un exercice subtil qui réclame du doigté.

Cette entreprise est très en retard pour son intervention. De plusieurs semaines. Mais ce n'est pas sa faute : l'usine qui fabrique le produit très spécifique qu'elle doit mettre en œuvre a brûlé, et à priori, il n'y a pas d'autres fournisseurs, ou bien à l'autre bout du pays ou à l'étranger peut-être. Mais il s'agit d'un petit chantier. Pour respecter les délais, dans le meilleur des cas, l'entreprise devra payer le prix fort pour ce produit dont le coût représente une part importante de son marché. Un truc à « manger sa culotte ». Par ailleurs, cette entreprise travaille régulièrement pour la mairie ; elle a une très bonne réputation et ne pose habituellement pas de problème. Pas question donc de la mettre en difficulté par une application stricte des pénalités de retard. Car les textes et la jurisprudence sont formels : cette situation - l'incendie d'une usine - ne constitue pas un cas de force majeur pour l'entreprise. Et qu'importe si le produit demandé est très particulier (pour les initiés, il s'agissait de bardeaux bitumineux de diverses couleurs).

En accord avec mon supérieur et après en avoir discuté avec le technicien responsable du chantier, je décide d'avoir la main très légère tout en respectant malgré tout l'esprit des textes. Les pénalités s'appliquent de plein droit et il n'est pas bon de passer complètement l'éponge sur un retard si important ; cela constituerait une sorte de jurisprudence locale. En conséquence, les semaines deviennent des jours, et au final, les pénalités appliquées sont assez symboliques.

Lorsque j'annonce la décision au responsable de l'entreprise, je ne m'attends pas à ce qu'il me baise les pieds en les arrosant de ses larmes de reconnaissance, mais pas à ce qu'il exprime un aussi vif mécontentement. Les pénalités appliquées sont faibles certes et je n'ai pas la moindre intention de lui en faire cadeau ; j'ai toutes les cartes en main, et lui aucune. Les faits sont là et les textes sans ambiguïté.

Il est réellement très contrarié, et très vite je comprends que ces pénalités, c'est une première pour lui, et c'est son orgueil qui en prend un coup, bien davantage que son porte-monnaie.

Sur un ton taquin, je lui lance une phrase du genre : « Bon, on peut aussi s'arranger discrètement ». En d'autres termes, je lui fais un appel du pied pour un « échange de bons procédés » : je suis prêt à oublier les pénalités contre une petite faveur, un petit cadeau, voir une enveloppe garnie.

À ma grande surprise, je vois le visage de mon interlocuteur s'éclairer et, je ne sais plus avec quels mots, il saisit la perche virtuelle tendue. Mais immédiatement, je le stoppe dans son enthousiasme en lui précisant que je plaisantais... Bien évidemment. Et les choses en restent là après un rétropédalage commun sur fond de légère soupe à la grimace.

Conclusion : pour cet entrepreneur, l'argent (modeste dans cette affaire) comptait bien moins que sa réputation, pourtant en rien entachée. Le chantier retardé n'était qu'une minuscule péripétie qui serait vite oubliée compte tenu des circonstances très inhabituelles.

Cette anecdote innocente et sans conséquence m'a montré la faculté d'adaptation d'une entreprise par ailleurs bien appréciée, et avec quelle facilité on pouvait s'engager dans la voie douteuse des « petits arrangements entre amis » aux relents de corruption. Car il ne fait aucun doute que si j'avais donné suite à cet échange en dehors des clous, cet arrangement en aurait appelé d'autres et pour longtemps : des cahiers des charges savamment orientés, des informations confidentielles sur les prochaines consultations, un regard sur les propositions des concurrents, des délais d'intervention élastiques etc.

Cette entreprise était adepte des cadeaux de fin d'année, dans les limites légales. Avec elle, c'était toujours le même tarif : une bouteille de porto et une bouteille de champagne. À cette époque, je recevais également deux ou trois bouteilles de whisky qui me « remplissaient de bonheur » : je déteste cet horrible breuvage ! Je ne sais plus si cela a continué après ce petit incident. Aucune importance. !

Au sujet de ces cadeaux (une petite dizaine par an en ce qui me concerne alors que mon service faisait intervenir des dizaines d'entreprises), il n'était pas question de remercier, ou alors du bout des lèvres. Car évidemment, des remerciements un peu appuyés seraient très probablement interprétés comme l'entame d'un potentiel début de connivence. Et quand une entreprise interrompait ses envois après s'être fait taper sur les doigts à cause d'un problème sur un chantier (un retard ou des malfaçons), j'éprouvais une certaine fierté ; c'était le signe qu'elle me prenait au sérieux, et non pour un guignol.

LES PETITS CADEAUX

Et plus si affinité

Il me paraît utile de préciser une nouvelle fois que cette note ne traite que de la corruption en rapport avec les relations qui existent dans le cadre d'une collectivité territoriale (commune, syndicat de communes, métropole, ou communauté de communes ou d'agglomération, département, région) entre des fonctionnaires (et aussi des élus, en particulier de petites mairies) et des prestataires de toutes sortes ou de bénéficiaires d'une décision (urbanisme en particulier) : travaux, services, fournitures, études de diverses natures etc. Et cela dès l'instant où les sommes en jeu sont significatives et dépassent ce qui est autorisé par la loi : 73 euros TTC en 2021. Pas de quoi faire des folies !

Il n'est pas non plus question ici de clientélisme (seconde partie), de favoritisme et autres passe-droits, ou d'abus dans le cadre de sociétés d'économie mixte locales : rémunération et avantages excessifs, utilisation abusive de moyens de paiement, y compris par des élus, que la législation par exemple autorise à se désigner PDG ou simple employé, avec le cas échéant une rémunération, des avantages, une voiture de fonction. Tout cela pour la gestion d'équipements pouvant être modestes : une piscine, un cinéma etc. Des faits semble-t-ils relativement courants et régulièrement sanctionnés dans la mesure où la tentation peut être forte. « Que voulez-vous monsieur le juge, toutes les cartes bancaires se ressemblent tellement ! Alors, à l'occasion, j'ai pu me tromper ! Je suis si souvent débordé ! »

Les opportunités de contourner la loi et de frauder au détriment des deniers publics, et donc des contribuables (nous sommes tous contribuables), sont nombreuses et l'imagination des fraudeurs sans limite, au-delà des grands classiques qui envoient, pas assez souvent, des fraudeurs devant un tribunal ou font l'objet de sanctions disciplinaires plus discrètes prévues d'ailleurs par la réglementation : mutation , radiation, mise à pied plus ou moins longue, perte d'avantages ou du bénéfice d'un régime indemnitaire…

Ce qui va suivre est une liste non exhaustive des petites et moyennes faveurs qui ont cours dans certaines collectivités territoriales dans le cadre précédemment défini, avec en préliminaire les possibles motivations des prestataires qui sont amenés à mettre la main à la poche au bénéfice de leurs clients élus ou fonctionnaires. Pour ces derniers, il n'est pas nécessaire d'épiloguer sur leurs motivations, à l'exception de celles et ceux, imprudents ou naïfs, ou les deux à la fois, qui ne parviennent pas à sortir des pièges dans lesquels on les a fait tomber.

<u>Motivations des prestataires</u> : des corrupteurs pour parler franchement.

Bien souvent, caresser le client influent dans le sens du poil, le chouchouter, est un investissement. Tout d'abord pour entretenir des relations de travail sereines, ce qui tout à fait légitime, et « au cas où », quand il se révèle primordial de pouvoir compter sur la compréhension ou l'indulgence du client lorsqu'une opération ne se déroule pas comme prévu, qu'il faut demander une rallonge ou éviter de payer des pénalités de retard. Un peu comme une puissance étatique entretient des agents dormants qui pourront être activés si le besoin s'en fait sentir pour un service particulier, une information précieuse.

Plus prosaïquement, sans doute moins fréquemment mais davantage condamnable, il s'agit d'opérations de type « donnant-donnant », c'est-à-dire avec une réciprocité directe. On entre alors dans le cadre d'une corruption véritable : une machine à laver contre un coup de pouce pour l'obtention d'un marché ou d'un avenant avantageux ; une semaine au soleil ou des travaux dans la maison de campagne pour une position hégémonique etc.

L'exemple vient d'en haut, et même de très haut comme dans les instances européennes. On appelle cela du lobbying. Les grandes sociétés ne cachent pas les importants financements qu'elles consacrent à cette activité d'influenceur (quel joli mot !). Et on peut parier que tout cela ne se passe pas autour d'une table d'un fastfood de Bruxelles ou de Strasbourg. Quand il s'agit de se rendre à l'autre bout de la terre, le voyage ne se fait pas en classe économique, ni l'hébergement dans un hôtel une étoile. Des dépenses que l'on déclare… Ou pas. Avec la variante du sac de voyage ou de la mallette rempli de billets qu'il veut mieux ne pas laisser traîner chez soi ou dans une chambre d'hôtel… Influence, manipulation, corruption ! On peut trouver que ces mots ont des airs de famille.

Le fait d'encadrer ces activités de lobbying ne change rien au fond : il s'agit de faire voter des élus européens dans le sens de l'intérêt de certaines entreprises qui n'ont que faire de l'intérêt général. Et la voix d'un député européen d'une démocratie plus ou moins douteuse a le même poids que celle d'un député d'un grand pays dont les faits et gestes seront davantage scrutés par des médias réellement indépendants ou leurs adversaires politiques.

Pour finir, j'ai pu observer la grande capacité des entreprises à s'adapter et à cibler le fonctionnaire et l'élu sensible aux marques d'attention, à la flatterie et aux petits cadeaux, et ne pas solliciter les personnes irréductiblement intègres et désintéressées.

C'est parti !

<u>Le traditionnel repas d'affaires :</u>

Essayez de parler travail attablé dans un restaurant, surtout si à un moment, il est nécessaire de sortir des documents ou d'étaler des cartes ou des plans ?

En réalité et dans la grande majorité des cas, il s'agit de repas de pure convivialité qui servent à mieux se connaître entre partenaires d'affaires, à fluidifier et apaiser les échanges professionnels et les rendre plus efficaces, pour au final perdre moins de temps. Leur utilité est certaine dans la grande majorité des cas.

Cela commence à être davantage injustifiable lorsque cela devient régulier, voir systématique et suivant le nombre d'étoiles du restaurant dont on a fait sa cantine aux frais d'une entreprise complaisante. Alors, on peut parler de connivence. On ne traînera pas un fonctionnaire devant un conseil de discipline et encore moins devant un tribunal pour si peu et en l'absence de contrepartie directe significative au bénéfice de la société généreuse, mais un employeur ou un responsable hiérarchique responsable prendra le fautif entre quatre yeux pour lui faire la leçon afin qu'une telle situation ne dure pas. Sauf si l'exemple vient du sommet, du maire en personne ou du directeur général des services. C'est alors toute une équipe municipale qui en « croque » au détriment des finances locales.

<u>*Expérience personnelle :*</u>

J'avais un directeur qui détestait ces mondanités, autant par déontologie que parce que cela l'ennuyait au plus haut point (restons polis). Parfois, il se trouvait dans l'obligation morale d'accepter des invitations d'entreprises, sauf à manquer gravement de respect au demandeur insistant et parfaitement irréprochable professionnellement. Alors, il me sollicitait pour que je l'accompagne dans ce qu'il considérait comme une corvée. Je l'assistais donc et le soutenais courageusement, et il faut admettre que de temps à autres c'était effectivement une petite épreuve.

<u>Le billet d'entrée</u> : pour un match de foot ou de tennis, un spectacle…

On se trouve dans le cadre du repas d'affaire amélioré, car bien entendu, pas question de se contenter d'un sandwich (ou d'une incontournable galette-saucisse du côté de la route de Lorient à Rennes. Aussi succulente soit-elle.)

Parfois en groupe. C'est plus convivial et le nombre légitime la sortie.

Ce n'est pas pour rien que les grands stades de foot comptent des loges et autres foyers où les entreprises reçoivent leurs plus fidèles clients… ou les plus influençables.

On reste là dans l'admissible, conforme aux traditions et aux usages, plus fréquent dans certains milieux professionnels.

<u>Invitation à un salon professionnel</u> : quel qu'il soit. Il y en a tellement !

Avec une nuit d'hôtel et une soirée sympa pour peu que le salon se trouve à l'autre bout du pays, justifiant qu'on y consacre deux journées.

Là, il existe un lien avec le travail pour le fonctionnaire ou l'élu passionné par ses missions, et c'est autant d'économie pour la collectivité, certains salons professionnels étant incontournables. On reste dans l'acceptable, les us et coutumes. Sauf si ledit salon se tient à l'autre bout du monde, à proximité d'une plage avec des cocotiers sous lesquels le fonctionnaire (ou l'élu) passera la majeure partie de son temps.

<u>La visite technique</u> : d'une usine, d'une réalisation, du siège d'une société…

Cela se passe fréquemment en petits groupes et n'est pas très différent du chapitre précédent. Avant d'acquérir un service ou un produit il n'est pas inutile d'aller voir par soi-même de quoi il retourne, même si, comme d'habitude, on sait joindre l'utile à l'agréable. Y compris pour une prestation de services, vérifier sur place les moyens dont dispose l'entreprise, l'ambiance et l'organisation du travail peut se révéler instructif.

J'ai le lointain souvenir d'une visite d'usine dans une petite commune du côté du Mans et d'un déjeuner dans un restaurant très pittoresque, tenu par une ancienne cocotte des années 30, qui, à plus de 70 ans, n'avait rien perdu de sa gouaille et de son savoir-faire pour mettre de l'ambiance. Il n'est pas fréquent dans un restaurant de campagne, de voir la patronne, de fil en aiguille, en arriver à pincer les tétons d'entrepreneurs, la chemise ouverte, ravis et hilares. Avec le technicien qui m'accompagnait, nous nous sommes contentés de regarder la scène insolite. Souvenirs, souvenirs !

<u>Le séjour d'agrément</u> :

Un peu dans la même philosophie que le billet pour un spectacle, mais puissance 4 au minimum. En petit groupe le cas échéant lorsque c'est tout un service qui en « croque ». Le prestataire invite son bon client à une petite virée de quelques jours. Tout dépend de la fréquence et des contreparties éventuelles.

Le fait de corruption n'est plus très loin, et on est même complètement dedans si cela devient récurrent et donne lieu à des contreparties occultes. De toute évidence Mr Robert était allé beaucoup trop loin. Pour faire pire, il faut passer à la phase enveloppe garnie ou aux travaux conséquents dans la résidence principale ou secondaire.<u>Les cadeaux un peu trop gros</u> :

Une machine à laver, un ordinateur ou une télé, de l'outillage professionnel.

Il s'agit là de corruption, avec des degrés variables suivant l'importance des cadeaux, d'autant qu'apparaissent des preuves matérielles durables qui peuvent permettre de confondre le fonctionnaire ou l'élu indélicat. Une soirée ou un voyage d'agrément, cela fait de jolis souvenirs, tandis que le ronronnement d'une machine à laver vous rappelle à chaque lavage de quelle manière frauduleuse vous l'avez obtenue.

<u>L'enveloppe garnie</u> : sans commentaire.

<u>La grande famille des travaux</u> :

- Le bénéfice du rabais de l'entreprise auprès d'un fournisseur. Cela ne coûte rien à personne. Là, je plaiderai coupable. Personne n'est parfait.

- Les travaux que l'entreprise oublie de vous facturer ou que vous payez bien en dessous du coût réel. La clôture ou l'allée de garage pour pas un sou etc. Clairement de la corruption.

Nota : une entreprise peut piéger un fonctionnaire ou un élu en refusant de se faire payer comme c'était convenu au départ. Elle n'est pas obligée d'encaisser un chèque et l'argent liquide ne laisse pas de trace. Moralité : avant de commander des travaux ou des prestations à une entreprise avec laquelle vous êtes en relations professionnelles et que vous voulez payer, il faut être sûr de son affaire, quitte à mettre les points sur les « i ». À éviter donc, car si vous avez la morale pour vous, il est un fait que si vous n'arriverez pas à payer, les apparences seront contre vous. Sauf si bien entendu vous avez délibérément choisi de frauder.

Expérience personnelle : une fois, j'ai été obligé de menacer une entreprise pour qu'elle accepte que je la paie pour une petite intervention chez moi.

<u>Délits liés à des questions d'urbanisme :</u>

Cela sort du cadre strict de cette note mais il faut bien l'évoquer. On entre là dans les grands classiques de la corruption avec des enjeux financiers qui peuvent être importants et vous valoir, avec un peu de chance, les honneurs des médias locaux ou même nationaux pour les premiers de la classe.

Un promoteur que vous avez favorisé vous fera « un prix » pour une parcelle dans un lotissement, un appartement ou une maison, un garage pour les moins gourmands. Il y a aussi le terrain acheté à vil prix qui devient bientôt constructible par la magie d'une décision municipale. Pour les plus gourmands, on en fera bénéficier sa famille. À partir de quel pourcentage de rabais on passe de la ristourne commerciale à la corruption ? Quand le promoteur commence à perdre de l'argent sur sa vente ? La justice est là pour dire quand « trop c'est trop ».

Il y a aussi la location de l'appartement ou de la maison à un prix défiant toute concurrence, ou qu'on oublie de vous facturer. Pour cela, je dispose d'un témoignage fiable, mais indirect.

On peut imaginer aussi des plans à trois ou à quatre, en tout bien tout honneur. « A » fait un cadeau à « B » qui a son tour fait un cadeau à « C » qui enfin renvoi l'ascenseur à « A ». La réciprocité est alors plus difficile à prouver.

Un autre cas concret et authentique pour compliquer encore un peu plus les choses.

<u>COMME UN KILO DE PATATES</u>

Il y a quelques temps déjà, certaines importantes (ou ambitieuses) entreprises proposaient (et proposent peut-être encore) des équipements clé en main avec un bon rapport qualité prix et des délais de réalisation écourtés. Ou encore des solutions techniques originales que leurs bureaux d'études ont mises au point. Parfois même, des concours nationaux étaient organisés, les collectivités territoriales n'ayant plus qu'à choisir sur catalogue : piscine (opération mille piscines), gymnase (opération COSEC)… Mais, pour d'autres équipements, des entreprises pouvaient approcher directement des collectivités territoriales, pour une école, une maison de quartier, des tribunes etc.

Justement, cette mairie caresse depuis des années un projet d'équipement public qui sort un peu des sentiers battus. Un beau bébé de quelques millions d'euros (chiffre actualisé) tout de même. Aucune urgence, mais l'idée fait son chemin dans certains esprits. Sans compter que cet équipement, sans être vital, correspond à un vrai besoin. C'est dans ce contexte que l'entreprise « Gros Béton » (GB) prend contact avec l'adjoint au maire chargé du secteur d'activité correspondant à l'ouvrage attendu. Nous l'appellerons Mr Bernard.

C'est ainsi que Mr Bernard est invité par GB pour un tour de France des réalisations de l'entreprise susceptibles d'intéresser la mairie. L'élu est d'ailleurs tout à fait séduit et « décide » de passer commande, à charge pour les services municipaux de régler l'aspect un peu agaçant des inévitables paperasses et autres contingences administratives.

Mr Bernard n'ayant averti personne de son initiative, c'est la stupeur et l'incompréhension de ses collègues élus lorsqu'il les informe de la bonne nouvelle. Puis des services mis au parfum dans la foulée.

Les grosses têtes qui, dans le cadre feutré des ministères élaborent les textes de loi et autres décrets d'application qui régissent les marchés publics, ne sont pas des idiots, bien au contraire. Ils savent qu'une collectivité territoriale peut être confrontée à des situations d'urgence absolue ou autres qui justifient de déroger à certaines règles administratives garantissant le bon usage des deniers publics et limitant les fraudes. Alors, ils prennent soin de prévoir des dérogations, sous certaines conditions bien précises. Par exemple, pour un problème d'immeuble menaçant ruine, le maire (ou le conseiller municipal ayant reçu la délégation idoine) pourra réquisitionner une entreprise avec effet immédiat, même si cette dernière doit stopper des travaux en cours. Et cette entreprise aura tout intérêt à obtempérer, d'autant qu'elle se fera ensuite rémunérer au prix fort, tout en restant dans des limites raisonnables. De même pour un service ou un produit très spécifique à une entreprise, dont la mairie a un véritable besoin, qui donnera lieu à des négociations exclusives. Mais pour lesquels l'heureuse entreprise sera en position de force pour négocier au mieux de ses intérêts et se ménager une marge confortable.

Mais de toute évidence, pour ce projet, on ne pourra pas faire valoir des arguments justifiant une dérogation, sauf à se faire taper sur les doigts, et à juste titre, par la préfecture, ou une entreprise concurrente et curieuse s'estimant lésée.

Chacun s'accorde à reconnaître que Mr Bernard est un élu tout à fait honnête. Sans nul doute assez ignorant en matière de marchés publics, mais de bonne foi et qui croyait bien faire pour la collectivité. D'ailleurs, sur le fond, il n'a pas tort : le projet proposé par l'entreprise est séduisant et correspond à un réel besoin. La municipalité tardait seulement à le concrétiser. Aussi, il n'est pas question de mettre Mr Bernard en porte-à-faux vis-à-vis de l'entreprise, de le désavouer et de le faire passer pour une girouette sans parole. D'autant que ce n'est pas tout à fait le premier venu et qu'il compte beaucoup dans l'échiquier subtil et mouvant de la politique locale.

Le grand directeur général des services est donc chargé d'expliquer à l'élu quelque peu imprudent que la mairie ne peut pas construire un équipement public de plusieurs millions d'euros comme on achète un kilo de patates à l'épicier du bout de la rue. Il lui assure que l'opération se fera sans nul doute, et avec l'entreprise auprès de laquelle il s'est engagé inconsidérément, mais que cela prendra le temps d'y mettre les formes et d'entrer, forcé et contraint, dans le cadre des règles administratives en vigueur. Et surtout, qu'il laisse les services trouver une solution. Après tout, ils sont là pour ça.

Alors, on confie à Mr Arthur, fonctionnaire discipliné et expérimenté pour traiter ce type d'opération, le soin d'organiser un concours d'architecture en bonne et due forme, plus vrai que vrai mais sans en faire de trop, le résultat ne devant pas réserver de mauvaise surprise. Ce qu'il fit.

<u>Commentaires :</u> de ce petit tour de passe-passe.

Étant assurée, ou quasiment assurée, de remporter ce concours, l'entreprise pressentie n'a sans doute pas été encline à serrer ses prix, avec malgré tout la pression des autres projets en lice. Qui sait si un projet aussi séduisant et sensiblement moins coûteux que le leur ne viendrait pas perturber cette gentille mascarade ?

Toutefois, on peut penser que dans le cadre d'un concours véritablement ouvert, le projet pressenti, qui était très bon, aurait eu toutes les chances de l'emporter. Au final, si écart il y aurait eu, il n'aurait pas été significatif. Quelques petits pourcents au grand maximum.

L'entreprise était de bonne foi ; elle a su faire profil bas et ne pas trop profiter de la situation. Sans compter la pugnacité des services municipaux qui ont pris un malin plaisir à éplucher par la suite le marché signé et sont parvenus à déceler quelques failles, et imposer quelques moins values non négligeables. Dans les collectivités territoriales, il y a aussi des fonctionnaires consciencieux et très efficaces. Et là aussi, plus qu'on ne le pense.

Enfin ce genre de jury ne donne qu'un avis, suivi presque systématiquement par la mairie, sous peine de désavouer les élus (leurs collègues) qui y siègent. En toute légalité, la mairie peut, effectivement, en le justifiant, porter son choix sur le projet classé second ou au-delà, même si cela reste très exceptionnel. J'ai souvenir d'un cas où, et à mon humble avis, le choix final de retenir le projet classé deuxième par le jury était très pertinent.

<u>Comment organiser un concours d'architecture avec des dés un peu pipés ?</u>

Rien de plus facile. Pour peu de posséder une certaine maîtrise de l'exercice.

Tout d'abord on choisit des entreprises associées à des architectes et des entreprises (s'agissant d'un concours constructeur-concepteur) sans expérience pour ce type de projet. Des professionnels que l'on connaît bien, avec lesquels la mairie a déjà travaillé et pourrait travailler à nouveau, mais compétents quand même ; la mairie ne travaille pas avec des amateurs.

Naturellement on ne leur dit pas ce qu'ils ne sont pas censés savoir, ou à demi-mots. Il ne faut pas non plus les prendre pour des idiots. Ils doivent comprendre qu'ils ne doivent pas trop s'investir dans ce concours, et de toute manière pas engager de frais au-delà du défraiement prévu. Procédure tout à fait légale et de bon sens, sauf que bien souvent, les équipes en lice ont tendance à « casser leur tirelire » pour augmenter leurs chances de séduire le jury.

De même, les membres du jury, en particulier ceux extérieurs à la mairie (tout cela est très règlementé) seront choisis avec soin. L'objectif n'est pas de laminer la concurrence, mais de dégager une majorité en faveur du projet pressenti pour l'emporter.

Alors, corruption ou pas corruption ? Seulement un concours sur mesure pour gommer une maladresse d'un élu de bonne foi à défaut d'être bien inspiré, en lui permettant de sauver la face.

Saisi le cas échéant de cette affaire, qu'aurait pu décider le Tribunal Administratif ? Tout d'abord, il aurait fallu identifier une faute de procédure. Laquelle ? Toutes les règles administratives avaient été respectées scrupuleusement. Personne n'avait subi la moindre pression. Le projet retenu était manifestement le plus original, le plus séduisant pour un coût assez similaire à ceux des concurrents malheureux.

Quid des visites organisées pour l'élu responsable ? Rien à dire pour ce genre de pratique en fait assez courante, et que l'originalité du projet justifiait pleinement. Il en aurait été autrement si à cette occasion, l'élu avait fait le tour du monde aux frais de l'entreprise avec un arrêt d'une semaine dans une île paradisiaque.

Pas de quoi fouetter un chat. On peut juste retenir que tous les textes du monde n'empêcheront jamais les petits arrangements.

Et à présent une situation très troublante. Où comment tenter de faire basculer un fonctionnaire du côté obscur. Inspiré de faits réels et de source fiable. En brodant un peu.

Le piège

Ce chantier (de bâtiment, à moins que ce ne soit un chantier de voirie) d'une certaine importance (actualisé à quelques millions d'euros) a été réalisé par une entreprise générale (qui prend en charge tous les corps d'état) d'envergure nationale travaillant de manière tout à fait exceptionnelle pour la mairie, s'est parfaitement déroulé : pas de retard, pas de malfaçons donnant lieu à des réserves dont la levée trainent en longueur, pas de travaux supplémentaires. Aussi, le marché (les pièces contractuelles qui lient l'entreprise au maitre de l'ouvrage : la mairie) a-t-il été soldé rapidement (l'entreprise à été entièrement payée), après une inauguration avec des sourires jusqu'aux oreilles.

Pour Arthur, jeune ingénieur des services techniques municipaux en charge de cette opération, cette opération, une parmi d'autres, est donc tout à fait terminée. Aussi est-il fort surpris d'être contacté par le représentant de l'entreprise, qu'il a dû rencontrer deux ou trois fois, l'opération ayant été sous-traitée à un prestataire local.

Le type l'informe qu'il est bientôt en congés, qu'il doit passer dans le secteur pour se rendre sur son lieu de villégiature, et qu'il souhaite à cette occasion rencontrer Arthur sur le chantier.

Arthur est donc assez étonné, mais il est bien élevé et ne voit aucun inconvénient à répondre positivement à cette invitation qui lui parait plus ou moins de courtoisie. Rendez-vous est donc pris sur les lieux.

C'est ainsi que quelques jours plus tard, Arthur voit arriver, après une courte attente, une voiture qui va se garer à une cinquantaine de mètre de lui. L'entrepreneur en descend aussitôt, puis une dame qui doit sans aucun doute être son épouse, d'autant qu'elle tient dans ses bras un bébé. L'entrepreneur est très décontracté et visiblement en vacances. Il fait là une courte halte à mi-chemin d'un assez long trajet pour se dégourdir les jambes tout en joignant l'utile à l'agréable.

Tandis que la maman et le bébé restent près de la voiture, le type va à la rencontre d'Arthur et tend à ce denier une enveloppe. Par réflexe, Arthur s'en saisi (grave erreur !) pensant qu'elle contenait quelques pièces administratives accessoires pour compléter le dossier.

Mais il découvre que l'enveloppe contient des billets de banque (somme actualisée à 1000 euros environ). Il a un moment de recul, mais il ne se voit pas remettre cette enveloppe sulfureuse dans la main de son interlocuteur (Elles sont où d'ailleurs les mains du bonhomme ?) ou la fourrer dans une des poches de l'autre, et encore moins la jeter par terre : indécent et grossier. On est entre personnes civilisées et le type a toujours été courtois et sympa.

Arthur s'étonne malgré tout. Le geste est très inhabituel. Le type lui propose de l'argent contre rien du tout. L'opération est bel et bien soldée, et très bien soldée. Par ailleurs, c'est la première fois que cette entreprise travaille pour la mairie et il y a de fortes chances pour que cela n'arrive plus, compte tenu du domaine de compétence de cette dernière et de son éloignement géographique.

Mais l'autre insiste poliment. Ce sont des choses qui se font assure-t-il lorsqu'un chantier s'est très bien déroulé, une manière pour l'entreprise de remercier le maître d'ouvrage, en l'occurrence l'ingénieur responsable de l'opération. Il explique également qu'il est courant pour lui dans ce genre de circonstances, d'offrir un appareil ménager ou audio. Bref, de se montrer généreux sans que cela atteigne des sommets.

Pas très rassuré et dubitatif, Arthur se laisse malgré tout convaincre. Et puis, le contexte ne se prête guère à de grandes discussions un peu tendues qui pourraient tourner au vinaigre avec ce type en tenue de vacances et accompagné de sa petite famille. Ce n'est pas ainsi qu'Arthur imagine une opération de corruption où il n'y a par ailleurs pas de contrepartie à la clé.

L'entrepreneur, son épouse et le bébé repartis, Arthur, décontenancé, reste un moment sur place, un peu comme un idiot, en se reprochant sa candeur et de n'avoir pas su anticiper ni avoir eu la bonne réaction en ayant été pris au dépourvu. Car il comprend naturellement qu'il a fait une grosse erreur.

Il sait déjà qu'il ne gardera pas cet argent pour lui, mais le mal est fait : l'enveloppe garnie est dans sa poche et lui brûle déjà la cuisse.

Il réfléchit à différentes solutions pour se défaire de cet argent qui reste un argent du péché. Jeter l'enveloppe dans la première poubelle venue serait immoral. N'est-il pas interdit de brûler des billets de banque valides ? La boite aux lettres du CCAS de la mairie serait une bonne idée, comme une sorte de don anonyme. Mais est-il absolument certain de la probité de tous ses collègues du CCAS ? L'un d'eux, moins scrupuleux, ne serait-il pas tenté de garder cette enveloppe pour lui ?

Après quelques jours de réflexion et à se torturer l'esprit, aiguillonné par sa mauvaise conscience, il pense avoir enfin la solution. Il va verser cette somme à une association caritative, et même trois fois cette somme pour tenir compte de la déduction fiscale dont il bénéficiera. Il ne sera pas lavé de sa faute, mais il aura au moins sa conscience pour lui.

En fait, le pli étant pris, chaque année il continuera d'être un donateur assidu pour une poignée d'associations aux objectifs nobles. Un peu pour expier son erreur, et aussi parce que c'est dans sa nature : l'occasion a fait le larron, mais pour de belles causes. Et bien après que l'épée de Damoclès s'écarte définitivement de lui, l'entreprise tentatrice ayant mis la clé sous le paillasson en déposant son bilan une poignée d'années plus tard.

<u>Commentaires :</u>

L'entrepreneur n'avait peut-être pas de mauvaises intentions, et ce genre de pratique était peut-être dans les habitudes de l'entreprise. Si tel était le cas, cela ne l'a pas aidé à maintenir son activité. De même la présence de maman et du bébé n'était peut-être que fortuite, mais en créant un certain climat de confiance pouvant influencer notre ami Arthur, le rendre moins méfiant.

Ceci étant, si d'aventure, l'entreprise s'était retrouvée des années plus tard en affaire avec la mairie, elle n'aurait pas oublié de se rappeler au bon souvenir d'Arthur, et n'aurait pas manqué d'essayer de tirer profit de ce moment de complicité coupable. Par exemple pour obtenir des informations plus ou moins confidentielles qui lui auraient donné un petit avantage sur ses concurrents à l'occasion d'un nouvel appel d'offres.

Arthur aurait-il pu faire comme s'il n'avait jamais accepté cette enveloppe ? Cela aurait été parole contre parole. Enfin, pas complètement, avec madame comme témoin muet de cette transaction douteuse. Pas crédible ? Avec un poupon dans les bras, sans doute un peu plus. Qui inventerait des circonstances pareilles ? Et Arthur aurait du mentir, ce qui est pour beaucoup un exercice périlleux.

Arthur aurait été inspiré d'insister lourdement pour restituer sur le champ cette maudit enveloppe. Car après coup, avouer son erreur à son employeur n'aurait eu que des conséquences néfastes. Faiblesse d'un jour, faiblesse toujours ! Car la vraie réponse d'un ingénieur honnête aurait été de refuser d'emblée de prendre cette enveloppe. Sans doute, d'autres agents n'auraient rien trouvé à redire à ce cadeau douteux, ou pire, se seraient découvert une âme vénale. Qu'importe, pour Arthur, quel cas de conscience !

Au final, si piège il y avait, il était parfait, et qu'importe l'épilogue. Avec comme vraies bénéficiaires une poignée d'associations caritatives, et comme perdant, l'État, par le jeu des déductions fiscales.

Arthur aurait apprécié d'avoir pu bénéficier lorsqu'il était étudiant d'une conférence consacrée à la corruption et comment éviter les pièges des prestataires. Peut-être ce genre de choses existe-t-elle dans certaines écoles supérieures, mais n'est-ce pas à double tranchant. Certes, cela aurait aidé Arthur à réagir à meilleur escient, mais pour d'autres, à la mentalité déviante, ce genre d'enseignement leur aurait peut-être inspiré d'autres pensées, comme savoir comment en « croquer » sans se faire prendre, ou comment prendre des partenaires dans leurs filets perfides, selon de quel côté de la barrière on se trouve.

Bien plus tard, Arthur pourra constater que pour ce moment de faiblesse qui aurait pu lui apporter le déshonneur et diverses difficultés annexes, d'autres, plus gourmands et moins scrupuleux, avaient su bâtir une carrière flatteuse bien que malhonnête, avec en prime tous les honneurs, en profitant de la naïveté (au mieux) ou de la complaisance, voir la complicité (au pire) de leurs supérieurs ou de leurs élus.

Et Arthur jura, mais un peu tard, qu'on ne l'y reprendrait plus.

La solitude du lanceur d'alerte

La grande majorité des citoyens ne fraude pas. Elle est consciente, pour peu qu'elle se pose la question, que celles et ceux qui abusent le fisc, la sécurité sociale, les instances européennes pour les plus gourmands, etc., à coup de dizaines d'euros, ou de centaines de milliers d'euros, et plus lorsqu'on arrive à des nombres à 6 chiffres, et même plus encore pour les champions de la magouille de très haut vol, le font au détriment de l'ensemble de la société, et donc d'eux-mêmes (les citoyens honnêtes, c'est-à-dire la majorité silencieuse, y compris les plus humbles, à travers la TVA, qui, proportionnellement, les ponctionne davantage que les plus aisés) avec au final, moins de services publics, moins d'aides pour les plus modestes, les gagne-petit, plus d'impôts… Ils arrivent à imaginer ce que l'on pourrait faire avec ces dizaines ou centaines de milliards (lorsqu'on additionne tout cela), détournés au profit d'une minorité de parasites vivant frauduleusement dans le luxe et l'opulence.

Mais quand il s'agit de son voisin, de son collègue de travail ou de son élu, qui grappillent ici et là, par la tromperie, quelques petites ou moyennes faveurs en toute illégalité, ou même quelques billets de banque, il peut nourrir d'autres sentiments. En particulier, il peut se demander si finalement, il pourrait n'être qu'un pathétique envieux, rongé par la jalousie en observant le profiteur qui n'est peut-être que plus malin que lui, et dont il envie en secret le confort dont il bénéficie indûment, quasiment à la vue de tous, sans gêne, presque fier de lui.

Parmi ces citoyens, on peut penser qu'une majorité se moque de toutes ces turpitudes, de ces escroqueries. Soit qu'elle n'en sache rien et s'épanouit dans une ignorance béate, soit qu'elle considère qu'après tout, à l'échelle de son petit univers, le plus souvent communal, tout cela ne représente pas grand-chose. Ce que son voisin malhonnête se met ainsi frauduleusement dans les poches ne la prive de rien, ou si peu. Quand à la morale !!!

Parmi les envieux évoqués ci-avant, qui rongent leur frein en silence, ils en est qui finalement aimeraient pouvoir eux aussi « profiter » de cette manne frauduleuse, mais qui ne peuvent pas, faute d'en avoir la possibilité, l'opportunité, le talent aussi (frauder requière un minimum de savoir-faire). Il y a peut-être aussi la peur du gendarme. Pour ces envieux, gare à l'ulcère de l'estomac !

Pour une minorité cependant, quelle que soit la motivation (la jalousie ou la morale), il y a la tentation d'essayer de « faire quelque chose », de dénoncer les vilains qui détournent à leur profit l'argent public. Et c'est le début des difficultés et des cas de conscience. Les fraudeurs ne sont pas si bêtes, à défaut d'être discrets parfois (pourquoi tricher si personne ne le sait jamais et ne vous jalouse pas, au moins de temps en temps ?) et une somme d'indices, de rumeurs, ne constitue pas des preuves qui permettraient d'alerter ceux dont la mission est de faire respecter la loi et de veiller au bon usage des deniers publics. D'autant que le chevalier blanc en puissance n'a pas la possibilité de mener des investigations approfondies pour étayer ses soupçons sans risquer de tomber à son tour dans l'illégalité. Les lois protègent autant les personnes malhonnêtes que les personnes intègres.

Et puis, le costume de chevalier blanc qu'il prétend endosser est-il aussi parfaitement immaculé que cela ? Pour une broutille, une minuscule erreur qu'il aurait pu faire, il y a longtemps, ou que des personnes sans état d'âme pourraient inventer, ne risque t-il pas de se retrouver dans la position du baudet de la fable de La Fontaine ? « Selon que vous serez puissant ou misérable…»

Bien entendu, il y a le bouclier de la loi. Mais la loi Sapin pour protéger les lanceurs d'alerte et les textes qui suivent sont d'une redoutable complexité. L'anonymat annoncé ressemble d'avantage à un vœu pieux qu'à une réalité. Dans les faits, le salarié candidat lanceur d'alerte est amené à devoir avancer plus ou moins à découvert et à s'exposer à d'éventuelles représailles, en endossant par ailleurs le costume peu flatteur de « balance ». S'il s'agit de dénoncer un collègue fraudant en solo, à la barbe de ses employeurs, le risque de représailles paraît limité. Quoique !!! Personne n'apprécie les « balances ». On s'en méfie. Ce ne sont pas des personnes de confiance ; ils peuvent se retourner un jour contre vous ces donneurs de leçon impénitents ! Alors, il vaut mieux les éviter.

Si l'employeur est plus ou moins complice, ou simplement complaisant, la situation du redresseur de torts peut devenir bien plus inconfortable, avec une carrière entravée, ou pire encore.

Et tout cela participe à l'omerta et freine la révélation de certaines infractions, prélude à de justes sanctions.

Imaginons un peu la scène. Monsieur Durand, employé municipal modèle, obtient un rendez-vous avec son maire et lui déclare : « Monsieur le Maire, avec tout le respect que je vous dois, je vous informe que j'ai constaté certains faits qui tendraient à prouver que vous avez commis une infraction dans le cadre de vos fonctions. Avant que je n'envisage de prendre contact avec le procureur de la république, pouvez-vous me fournir certaines explications ?»

Mr le Maire laissera-t-il Mr Durand aller jusqu'au bout de son speech ? Et quoiqu'il en soit, combien de temps s'écoulera avant que la foudre ne s'abatte sur l'inconscient ?

Pour illustrer ces propos sur les pouvoirs discrétionnaires d'un maire, je vous propose ci-dessous un récit inspiré d'une mésaventure survenue à un cadre supérieur fonctionnaire d'une mairie. Aux détails près.

<u>Bonjour et adieu</u> :

Quand ce collègue m'a raconté sa mésaventure, comme pour l'affaire de Mr Robert, je n'avais aucune raison de ne pas le croire sur parole, mais je ne l'ai pas non plus bombardé de questions. Si j'avais pu prévoir l'avenir, je l'aurais fait, mais l'essentiel est là, encore clair dans mon esprit malgré les années qui ont passées.

Bertrand est fonctionnaire, cadre supérieur. Ou plus précisément cadre supérieur intermédiaire, juste en dessous des grands directeurs proches du maire, qui vient justement de le convoquer dans son grand bureau à l'hôtel de ville, sans préciser le motif. Cela n'a rien d'extraordinaire : un maire n'a aucune obligation à le faire lorsqu'il convoque un agent de la mairie dont il est le patron. Et pour la personne convoquée, il serait réellement inconvenant d'insister pour connaître la raison de ce qui est malgré tout une injonction.

Donc, Bertrand est un peu dans le brouillard au sujet des motifs de cette convocation très inhabituelle : examiner un dossier particulier qui intéresse le maire ? Peu probable ! Et puis, lequel ?

Qu'importe ! Au jour et à l'heure convenus, Bertrand, en bon petit soldat, se présente devant la pimpante secrétaire particulière de monsieur le maire, qui l'invite à patienter dans la petite salle d'attente qui jouxte le saint des saints.

Et Bertrand attend… un certain temps. Le roi Hassan II du Maroc pouvait paraît-il faire attendre longtemps certains personnages subalternes qu'il convoquait. Des attentes qui pouvaient durer des heures… Ou même des jours. Monsieur le maire n'est pas le roi du Maroc, mais il a tant à faire ! Son temps est précieux, cent fois plus que celui d'un simple cadre de ses services. Je ne sais pas combien de temps Bertrand a dû attendre, mais je sais par expérience qu'il n'a certainement pas été reçu à l'heure convenue.

Enfin, la secrétaire fait entrer Bertrand, que l'attente à rendu humble (stratégie classique), dans l'antre de Monsieur le maire, qui est assis, bien calé derrière son bureau imposant. D'un geste naturel, l'édile fait signe au nouveau venu de s'assoir sur une chaise face à lui, et après un bref échange de politesses, il passe sans tarder au vif du sujet. Et très vite (le ton, la posture, le visage fermé etc.) Bertrand comprend qu'il est là pour écouter et que l'instant est grave. Et que le maire ne l'a pas convoqué pour le congratuler et encore moins lui proposer une promotion.

— Mr Bertrand, je vous informe que je souhaite me passer de vos services…

Boum ! Le ciel vient de tomber sur la tête de Bertrand. Il a juste la maigre satisfaction de connaître enfin l'objet de la convocation du maire, qui ne faisait pas partie des scénarios qu'il avait imaginés. Bertrand n'est pas un idiot (le fonctionnaire forcément idiot car fonctionnaire est une légende, mais il y a comme toujours des exceptions), le maire l'a convoqué pour lui annoncer qu'il était tout simplement viré, et qu'importent les modalités pratiques qui sont l'affaire de l'administration. Des questions subsistent cependant : viré-viré ? Ou simplement mis sur la touche dans un poste plus modeste ? Un placard plus ou moins doré le cas échéant ? Le champ de ses réflexions s'est soudain grandement restreint, mais il sait déjà que cette journée sera à marquer d'une pierre noire pour lui. Devant le maire, il a rapetissé de cinquante centimètres. Il n'est plus qu'un moucheron que l'autre peut balayer d'un revers de la main, sans état d'âme, avant de passer à mille autres choses.

Mais le maire ne laisse pas à Bertrand le temps de se poser d'inutiles questions.

— Je vous accorde six mois pour trouver un nouvel emploi dans une autre collectivité territoriale.

Assommé malgré tout (on le serait à moins), Bertrand se hasarde à demander une explication à cette sanction brutale et définitive. Le désespoir rend audacieux !

—Monsieur le Maire, puis-je connaître les raisons qui ont motivé votre décision ?

Avec ce genre de question Bertrand n'espère pas déstabiliser ni faire changer d'avis le maire qui a sans nul doute prévu ce type de réaction. Nous sommes entre personnes adultes responsables et intelligentes.

La réponse, sans surprise, est laconique, énoncée sur le ton calme et posé de celui qui sait qu'il a tous les pouvoirs.

—Vous savez Monsieur Bertrand que c'est le maire qui est responsable du recrutement des agents des services de la mairie, et il n'a pas à justifier ses choix. Je vous offre l'opportunité et le temps (quelle générosité !) de pouvoir rebondir dans une autre collectivité pour un poste correspondant à vos compétences qui ne sont pas remises en cause. Cependant, si cette proposition ne vous convient pas, « nous » n'aurons aucun mal à trouver une faute professionnelle contre vous en vue d'une radiation, ou au mieux un reclassement qui pourrait vous porter gravement préjudice pour la suite de votre carrière (nota : cette menace est rigoureusement authentique).

Fin de l'entretien.

<u>Épilogue</u> : Bertrand n'insista pas. Il répondit sans tarder à toutes les annonces de recrutement, y compris certaines qui ne l'enthousiasmaient guère. Il eut la chance d'être assez rapidement retenu et put obtenir sa mutation, il est vrai à des centaines de kilomètres de sa famille.

<u>Décryptage</u> :

Je ne pense pas que Bertrand occupait un « emploi fonctionnel », ce qui aurait permis au maire de l'écarter en toute légalité et quasi transparence sans devoir réellement motiver sa décision (incompatibilité d'humeur ou un argument fallacieux de ce genre). La législation en ce domaine est assez contraignante pour les deux parties, mais cela ne change rien au résultat final. Et même dans cette hypothèse, Bertrand aurait eu intérêt à tout faire pour obtenir au plus vite une mutation, avant d'être pris en charge par le CNFPT (Centre National de la Fonction Publique Territoriale), devenant aussitôt un paria, marqué du sceau de l'infamie, sans possibilité de retrouver un poste équivalent, sauf à bénéficier de solides appuis.

Une grande difficulté pour un cadre viré de cette manière : l'impossibilité de dire la vérité à un jury de recrutement. Ce dernier ne le croirait pas et le prendrait pour un fabulateur avec tout ce que cela suppose dans le cadre des relations professionnelles ultérieures. En concurrence avec des candidats sans tâche apparente dans leur parcours, il n'aurait aucune chance d'être retenu s'il révélait les conditions de son éviction, aussi honorables soient-elles.

Un cadre confronté à ce genre de situation peut-il faire de la résistance ? C'est théoriquement possible mais en acceptant de se lancer dans une lutte juridique, longue, coûteuse, à l'issue incertaine. C'est le pot de terre contre le pot de fer. Des années humiliantes à végéter dans un poste dévalorisant, ce qui rendra encore plus difficile une mutation. Sans compter une rémunération amputée de tout ou partie du régime indemnitaire, à moins d'être en fin de carrière et n'avoir rien à perdre, ou si peu.

Quel jugement pourra rendre un tribunal si l'employeur est condamné ? : Il pourra prononcer une indemnisation, une réintégration, mais dans quelles conditions ? Le régime indemnitaire (les primes) d'un cadre supérieur peut être important mais facultatif, et le maire peut en toute légalité le supprimer sans avoir à se justifier.

Quand à la menace de la faute professionnelle montée pour la circonstance afin de briser un cadre supérieur, elle est réelle. Le cadre supérieur est responsable de ses subalternes et de leurs actes, mais, pour des broutilles, on pourra le faire passer de responsable à coupable, avec des complicités éventuelles au sein même de son service, à plus forte raison si le poste qu'il doit libérer contraint et forcé est destiné à l'un d'entre eux.

Mon collègue Bertrand a donc choisi la solution la moins mauvaise en obtenant une mutation dans une région éloignée de sa région d'origine et de sa famille, mais où les opportunités sont plus importantes car la concurrence moins rude.

Contrairement à ce que laisse entendre le film « Bienvenue chez les Ch'tis », un poste à Porquerolles est davantage prisé qu'un poste à Bergues. À tort sans doute, mais c'est ainsi.

Certains secteurs de la région parisienne ne font guère rêver non plus. Même si le gilet pare-balle ne fait pas partie du paquetage indispensable, ce n'est pas non plus le paradis.

<u>Autre exemple</u> : librement inspiré d'une autre histoire vraie avec la mise en œuvre de certaines techniques perfides de management.

Vous êtes le maire d'une ville pour la gestion de laquelle vous vous appuyer sur votre premier adjoint, en qui vous avez toute confiance. C'est en effet un très bon gestionnaire mais la politique, ce n'est pas sa tasse de thé. Aucun risque que, confronté à la griserie du pouvoir, il se sente pousser des ailes et se mette en tête d'essayer de chiper votre place. Car pendant ce temps-là, vous avez d'autres obligations, d'autres ambitions qui réclament toute votre attention, comme la perspective d'un destin national.

Vous souhaitez recruter un directeur général des services que vous avez déjà en vue, mais qui ne convient absolument pas à votre premier adjoint dont vous ne pouvez pas vous passer, du moins dans un premier temps.

À contrecœur, vous acceptez que ledit premier adjoint lance un appel à candidatures, tout en faisant courir le bruit de votre désaccord sur la procédure. Conséquence : les très bons candidats potentiels, qui ont leurs réseaux, flairant le piège, ne postulent pas. Au final, est retenu le meilleur des autres candidats moins expérimentés. Nota : parfois les appels de candidatures et les jurys sont encore plus bidons, ne servant qu'à valoriser le candidat retenu par avance.

Vous validez du bout des lèvres et de la pointe du stylo le choix auquel vous n'avez pas participé et par la suite vous limitez au maximum vos contacts avec ce nouveau DGS qui se retrouve réduit à travailler exclusivement avec le premier adjoint. Dans le même temps, vous rencontrez directement les principaux collaborateurs du DGS et vous lui mettez subtilement des bâtons dans les roues pour saper son autorité et le discréditer.

Ceci entraîne des difficultés de management, des tensions, que vous prenez comme prétexte pour écarter le DGS au profit de celui que vous vouliez voir occuper le poste dès le départ, en prenant le premier adjoint à témoin : «Tu vois, finalement, cet appel à candidatures n'était pas une bonne idée. Je suis désolé». Nota : d'où l'intérêt d'avoir écarté subtilement les éventuels bons candidats qui auraient été plus difficile à mettre en fâcheuse posture.

Dans le pire des cas, si ce scénario ne fonctionne pas, que le cadre à évincer s'en sort plutôt bien, vous passez en force avec un entretien en tête-à-tête comme celui évoqué ci-avant, quitte à sacrifier votre premier adjoint devenu peut-être moins indispensable avec le temps.

Mais que font ces deux histoires dans ce chapitre consacré aux lanceurs d'alerte ?

Elles sont destinées à montrer le sort funeste que peut connaître un cadre ordinaire, « normal », qui se contente de bien faire son travail mais qui, pour diverses raisons dont il ne saura jamais rien, est devenu indésirable. Alors, vous pensez… un lanceur d'alerte !

Ce dernier pourra être laminé, et aucun texte de loi ne pourra rien y changer. C'est pourquoi un lanceur d'alerte employé par la collectivité dont il souhaite signaler les dérives, doit être protégé et rester parfaitement anonyme. Et dans le secteur privé ? C'est juste bien pire !

<u>Tous complices !</u>

La frontière entre le bien et le mal, entre ce qui doit ou devrait être sanctionné par la justice et ce qui est conforme à la loi, aux usages, aux pratiques acceptées plus ou moins tacitement (une sorte de loi non écrite aux effluves de jurisprudence de comptoir), est ténue et fluctuante, d'une époque à l'autre, d'un territoire à un autre, d'un secteur social ou économique à l'autre. Les tribunaux sont là, le cas échéant, pour trancher, pour dire ce qui effectivement est ou doit être considéré bien ou mal et doit être ou non sanctionné, et à quelle hauteur, à l'aune des textes et de la jurisprudence.

Dans cette première partie comme dans la seconde ci-après, j'ai été vigilant à ne m'inspirer que de faits réel : expériences personnelles, témoignages fiables. Pour rassurer et mieux convaincre le lecteur, il aurait fallu que je cite mes sources, que je donne des détails, des circonstances précises, des lieux, des dates, des noms. Mais cela m'aurait amené à pointer du doigt des protagonistes protégés par la prescription, qui, avec le temps qui passe, protège les auteurs d'infractions, autant que les imperfections de la loi et les difficultés à collecter dans le temps imparti des indices probants susceptibles de justifier les décisions d'un tribunal. Ce qui explique, notamment, le temps nécessaire pour confondre les fraudeurs. Quand ils ne sont sauvés par le gong du temps, par la grande faucheuse

On pourra aussi me faire le reproche de bon sens d'avoir laissé faire, de m'être caché derrière mon petit doigt, de m'être accommodé de toutes ces infractions, petites ou grosses, dont j'ai été le témoin direct parfois, ou qui m'ont été rapportées de sources certaines.

Lâcheté, complaisance, peur des conséquences sur ma petite personne, ou encore conditionnement qui nous fait accepter ce qui est condamnable, difficulté à rassembler des preuves irréfutables recevables devant un tribunal : écrits authentiques, témoignages certifiés. Mais une chose est certaine : si de nos jours le lanceur d'alerte interne s'expose à de sérieuses difficultés, il y a trente ou quarante ans, c'était la mort professionnelle assurée.

Ces reproches d'avoir fermé les yeux, on pourrait les faire à des milliers d'autres personnes, lorsque ces infractions sont des secrets de Polichinelle.

Je pense par exemple à « feu » (mais est-ce vraiment le cas) l'improbable règle du « fini-parti » des éboueurs de Marseille. Charmante expression pour justifier que la durée d'une journée de travail soit divisée par deux, au minimum, rémunérée comme un temps complet. Par quel prodige, par quel enchaînement de tolérances, de concessions, de démissions, par quelle insidieuse dérive, en partant d'un principe de bon sens, un tel dispositif a-t-il pu perdurer à la vue de tous, défendu becs et ongles, justifié on se demande avec quels arguments ? Et qu'il ait fallu qu'une municipalité manifeste un peu de détermination et de courage, ou en désespoir de cause, pour saisir la justice qui finira par confirmer qu'effectivement, deux plus deux font bien quatre ! Et pour citer Jacques Brel : « Et que ce n'est pas fini » (cf la chanson « Ces gens-là »).

Ainsi chacun a de bonnes raisons de se plier à la loi du silence dans une sorte de jeux : « Je te tiens, tu me tiens, par la barbichette », où personne ne risquerait de se prendre une « tapette » sur la joue.

SECONDE PARTIE :

GASPILLAGE, INCOMPETENCE

Préambule

J'ai déjà évoqué les rares (mais c'est encore trop) fonctionnaires « malhonnêtes » et les éventuelles enveloppes et autres faveurs dont ils bénéficient et qui viennent gonfler les factures des prestations fournies par les sociétés trop généreuses. Du bien menu fretin en vérité, mais qui vole un œuf...

J'ai hésité entre le mot « malhonnête » et le mot « malintentionné ». Comme si détourner de l'argent public n'était pas si grave que ça ! De la même manière qu'on pourrait être tenté de classer un voleur en col blanc plutôt parmi les « malins », seulement coupable de profiter des failles du système, le vainqueur d'une sorte de guerre en dentelle entre gens de bien. Mais au final, ce sont les citoyens ordinaires, et surtout les plus modestes, qui se trouvent les dindons de cette farce, sauf qu'ils n'en ont généralement pas conscience, alors que ces milliards détournés chaque année, c'est bel et bien leur argent.

À présent, je souhaite ouvrir un chapitre sur le gâchis des deniers publics, de cette sorte de détournement d'argent public « sans le faire exprès », sans coupable identifiable tant on se perd dans l'écheveau des responsabilités croisées, en laissant de côté les ponts et autres ouvrages d'art qui ne servent à rien, sauf à alimenter quelques bêtisiers, et en me concentrant sur les fonctionnaires qui seraient payés à se tourner les pouces.

Le fameux mythe de l'agent désœuvré, inutile, qui passerait davantage de temps à regarder l'horloge de son bureau qu'à travailler ! J'emploi à dessein le conditionnel, car, pour ma part, j'estime que ce vieux mythe est de moins en moins fondé. Dans les administrations, il y a bien quelques agents qui sommeillent au fond d'un placard plus ou moins doré, parce qu'ils sont punis sans que l'on puisse les licencier, ou tout bonnement devenus indésirables, ou encore parce que l'on considère, parfois à raison, qu'ils coûtent moins cher à être rémunérés à ne rien faire qu'à faire des bêtises en travaillant. Des Mozart de la glandouille, mais pas davantage qu'ailleurs, en particulier dans les grandes entreprises. Les temps changent.

Je considère également que le problème vient le plus souvent, si ce n'est exclusivement, de méthodes et d'organisations peu performantes, d'une bureaucratie tenace qui conduit des agents à fournir un travail « sans impact direct sur le résultat final ». En organisation, certains appellent cela des « tâches fugaces ». Certes, il en faut inévitablement de ces tâches fugaces pour que puisse fonctionner un processus de production, une bicyclette ou tout autre produit manufacturé, mais aussi des informations comme dans une administration, dont c'est l'activité essentielle. Produire des informations, noble mission ! Mais pour qui ? Pour mener ensuite quelles actions ? Des questions que des responsables devraient se poser plus souvent. Mais quand il y a trop de ces tâches fugaces, cela interroge.

Je vais donc reprendre le cycle des anecdotes authentiques, des évènements que l'on m'a rapportés, que j'ai pu observer ou même vivre tout au long de ma carrière, en commençant par essayer, en guise d'amuse-bouche, de répondre à la question qui me paraît essentiel : « Qui est le chef ? ». C'est-à-dire qui est le responsable de la mauvaise ou au mieux inadéquate utilisation des ressources humaines au sein d'une collectivité territoriale, si mauvaise utilisation il y a, par incompétence ou négligence. Et donc, qui a le pouvoir, sinon le devoir, d'agir pour remettre de la performance là où elle s'est, lentement mais sûrement, érodée au fil du temps ?

QUI EST LE CHEF ?

Qui est le chef ? C'est-à-dire qui dirige réellement une collectivité territoriale, qui en est le patron, le grand manitou tout en haut de la pyramide ? Et plus spécifiquement qui est responsable de l'organisation des services, de la mise en musique de la politique définie par les élus, fidèlement... Ou plus ou moins ? Qui est l'auteur principal et le responsable des éventuelles dérives, par exemple en matière d'effectifs ? Le maire (ou de plus en plus souvent le président, s'agissant d'une collectivité territoriale autre qu'une mairie), ou bien le directeur général des services (DGS) de la collectivité, censé être aux ordres du maire qui l'a choisi ou a eu la possibilité de le choisir, le patron de l'administration, plus ou moins autocrate, et dans la grande majorité des cas tout puissant, tant qu'il garde la confiance de celui qui l'a fait grand chef. Un DGS qui ne lui prendra pas la place, ce qui ne veut pas dire qu'il n'en rêve pas parfois et n'aspire pas à se retrouver en toute première ligne sous les projecteurs. Devant son mentor, son patron.

On pourra trouver une similitude avec le binôme historique qui a vu les maires du palais supplanter progressivement des rois éphémères, plus ou moins compétents, plus ou moins fainéants. Et en reprenant le cours du temps, on pourra établir un parallèle avec certains premiers ministres de divers rois prestigieux. Des premiers ministres qui, à défaut de ne pas avoir tenté de franchir le Rubicon comme l'avaient fait les maires du palais, ont su amasser d'immenses fortunes alors que les caisses de l'État étaient souvent vides et que le peuple criait famine, accablé par toutes sortes de taxes. De Richelieu à Mazarin, en passant par Colbert, pour ne citer que les plus connus. Certes, à tout moment, leurs maîtres pouvaient les faire retourner au néant (Jacques Cœur, Nicolas Fouquet) mais en attendant c'était bien eux qui menaient le bal en se remplissant les poches.

Quoi qu'il en soit, à la tête d'une collectivité territoriale, nous avons deux personnages clés qui se répartissent les pouvoirs : un maire, ou un président, qui doit sa position à son charisme, à la confiance, l'ascendant ou l'autorité morale etc. (selon les cas de figure) qu'il a sur ses colistiers, qui l'ont en fin de compte élu à son poste, en se livrant à son pouvoir, et un haut fonctionnaire, généralement désigné par ledit maire ou président, pour ses compétences et, de moins en moins accessoirement, sa compatibilité politique, et constituer ce fameux duo, ce partenariat basé sur la confiance mutuelle.

Je me situe dans le cas de collectivités d'une certaine importance. Le secrétaire d'une petite mairie gérant une poignée d'agents, n'a pas grand-chose à voir avec le DGS d'une collectivité territoriale chapeautant des centaines ou des milliers de fonctionnaires.

Pour illustrer mon propos je propose une situation bien réelle qui m'a inspiré le titre de ce chapitre.

<u>Qui est le chef ?</u> Histoire vécue qui m'a été spontanément rapportée, à chaud.

Bertrand travaille pour une société prestataire de services (par exemple dans le domaine de la communication) et il doit rencontrer le maire et le DGS d'une ville assez importante.

Il connaît les noms de ses interlocuteurs mais il ne les a jamais vu, pas même en photo.

Il s'agit d'une réunion de travail assez informelle avec des personnes dont le temps est précieux et qui vont droit au but. Aussi, ils n'ont pas jugé utile de faire les présentations. Le maire tout comme son DGS ne fait pas souvent la une des médias, mais ils sont un peu connus localement. En ajoutant un égo assez consistant, on peut comprendre qu'ils aient considéré que leur interlocuteur, qu'ils n'ont jamais vu non plus, devait les connaître.

Conclusion : Bertrand sait qu'il a en face de lui le maire et le DGS mais sans savoir qui est qui, le maire ne sortant son écharpe tricolore que dans les occasions solennelles.

Bertrand ne se voit pas demander : « Au fait qui est le maire et qui est le DGS ? » Ce genre d'initiative ne serait sans nul doute guère apprécié vis-à-vis de personnages estimant bénéficier d'une certaine notoriété. Mais Bertrand ne s'inquiète pas trop pour la suite des évènements, en se disant qu'il devrait rapidement deviner qui est qui au cours des échanges.

Las ! Aucun indice ne permettra à Bertrand d'identifier le patron et le collaborateur.

Et cela l'a suffisamment intrigué pour que peu de temps après, il m'en parle alors qu'on ne se connaît pas. En fait, il avait éprouvé un furieux besoin d'en parler à quelqu'un, quitte à ce que ce soit le premier venu. C'est-à-dire le premier cadre de mairie qu'il a eu en face de lui.

<u>Commentaires :</u>

Le binôme Maire (Président) est plutôt déséquilibré. Un DGS, qui doit normalement posséder certaines compétences administratives, de management et d'organisation de haut niveau, pourra simultanément maîtriser (en évitant de s'en vanter) les subtilités de l'art d'être maire ou président. Tandis que son patron sera dans la plupart des cas assez ignorant des domaines où son binôme doit exceller.

Ainsi, autant un DGS devra être recruté principalement sur ses compétences et son expérience professionnelle, autant un maire est élu sur la base de certaines qualités (charisme, programme électoral, son ascendant sur ses colistiers…) différentes de celles qui lui seront nécessaires par la suite pour exercer son mandat.

La situation pourra même tourner au vinaigre si le maire choisi un DGS sur des critères principalement politiques, c'est-à-dire un collaborateur direct issu de son univers, et qui aura tendance à se comporter comme un autocrate, faute d'être un bon manager, ou à son tour se déchargera (rien à voir avec la délégation, art subtil) sur ses proches collaborateurs qui en feront un peu à leur guise.

C'est ainsi que dans des communes, généralement modestes, certains maires, qui jouent plus ou moins le rôle de chef de service, démissionnent à peine élus, en découvrant les contraintes de la fonction. Lorsqu'ils sont lucides ! Ou bien deviennent des tyrans de mairie, des « petits chefs » jusqu'à la caricature, pouvant conduire leur collectivité à la catastrophe. Au grand dam de leurs collègues élus qui découvrent, atterrés, que le copain qu'ils ont hissé sur le fauteuil de maire a pris la grosse tête, se comporte comme un autocrate, le président d'une république bananière, et combien il est difficile de le déloger de son piédestal.

<u>Que faire</u> ? : Pour prévenir les difficultés.

Rien ou presque rien en fait. Churchill disait : « La démocratie est le pire système à l'exception de tous les autres ». De même, cette répartition des pouvoirs au sommet d'une collectivité territoriale est le moins néfaste des systèmes à défaut d'être parfait. Par ailleurs, les dérives majeures, dévastatrices, sont rares, notamment en matière de dépenses inconsidérées.

Pour éviter que la situation dégénère il faut un peu de transparence, de vigilance, de réalisme. Un homme averti en vaut deux. À charge pour les instances supérieures des partis d'inciter leurs élus à faire de bons choix pour le recrutement de leur DGS, et le cas échéant de les inciter à se former. Quand aux maires ou présidents sans étiquette ! Tout peut effectivement arriver, y compris le pire.

LOI de PARKINSON

Selon la loi de Parkinson, *le travail s'étale de manière à occuper tout le temps disponible pour son achèvement*. Lorsqu'on nous en offre la possibilité, nous aurions donc tendance à prendre plus de temps que nécessaire pour accomplir une tâche, ou à la repousser sans cesse pour finalement l'achever juste avant la date limite. Cela vaut aussi, par extrapolation, pour l'utilisation des moyens humains et matériels dont on dispose et que l'on cherche à développer sans nécessité, pour un résultat égal, voir moindre.

Cyril Northcote Parkinson (1909-1993) était un historien essayiste britannique. Il a eu l'inspiration de la loi qui porte son nom en observant l'augmentation constante et significative des effectifs de certaines administrations, en particulier l'Amirauté Britannique (essentiellement les emplois de bureau), alors que les tonnages gérés baissaient de manière importante au fil des décennies, au fur et à mesure que se réduisait l'immense empire de la Couronne.

Ce phénomène s'observe particulièrement dans les administrations qui sont en situation de monopole dans leurs branches d'activités, mais cela peut également concerner des secteurs parapublics ou privés. Cependant dans ces cas-là, à moins qu'elle ne jouisse d'un monopole, l'entreprise qui a trop sacrifié à la loi de Parkinson perd inéluctablement en compétitivité et se voit détrôner par des concurrents innovants et plus performants, et doit mettre la clé sous la porte. Sauf pour les entreprises qui, ayant laissé s'envoler leurs charges de personnel, ont la lucidité et la possibilité de réagir avant qu'il ne soit trop tard, et de procéder à des compressions drastiques de personnel qui touche le plus souvent les moyens généraux, plus sensibles aux phénomènes de bureaucratisation.

Pour illustrer ce type de phénomène aux effets potentiellement dévastateurs, que tout bon dirigeant connaît ou devrait connaître, et dont il saura se prémunir, je vais évoquer un cas concret, mais fictif, en forme de clin d'œil. Prendre les choses au sérieux sans se prendre au sérieux.

<u>Histoire de brouettes :</u>

L'entreprise « Brouette » fondée comme par hasard par un monsieur Brouette (j'ai vérifié, ce patronyme existe) fabrique des brouettes de manière très performante grâce à une organisation et des méthodes de travail parfaites et dans une ambiance de travail saine. C'est ainsi que les 100 ouvriers que compte l'usine produisent 100 brouettes quotidiennement.

Mais un jour, une augmentation sensible de la demande oblige l'entreprise à produire 110 brouettes par jour pendant une assez longue période, sous peine de voir ses fidèles clients se fournir ailleurs. *Cf la fameuse crise des brouettes dont les médias sérieux auraient dû se faire l'écho.*

Après études, il apparaît que dans l'état actuel des choses et de l'organisation de la production, 100 ouvriers sont tout à fait dans l'incapacité de produire 110 brouettes par jour. Décision est donc prise de recruter 10 ouvriers supplémentaires.

Un an plus tard, la crise des brouettes étant passée, l'entreprise est contrainte de revenir à une production de 100 brouettes par jour. Le bon sens voudrait qu'on reclasse 10 ouvriers. Mais pas chez Mr Brouette chantre du management paternaliste.

Alors, le processus de production est aménagé pour produire 100 brouettes avec 110 ouvriers.

Un an ou deux passent, et c'est le second choc de la crise des brouettes (ce genre de crises voyagent souvent par deux. Tout le monde sait cela). Il faut à nouveau produire 110 brouettes par jour. Qu'à cela ne tienne, on sait faire puisqu'on l'a déjà fait ! Mais on est toujours chez monsieur Brouette. Pas question de changer les nouvelles habitudes prises par les ouvriers. On recrute donc 11 nouveaux ouvriers, portant l'effectif à 121 ouvriers qui produiront donc 110 brouettes. Et si d'aventure, le marché devait se contracter à nouveau, il faudra 121 ouvriers pour produire 100 brouettes. Naturellement, si l'entreprise continue de fonctionner de cette manière, elle sera rapidement balayée par la concurrence et disparaîtra.

Mais une administration !... Il est tellement plus facile d'augmenter les impôts !

Bien entendu, les choses ne se passent pas de manière aussi caricaturale, mais par petites touches imperceptibles, insignifiantes prises séparément, mais qui au fil des ans impacteront de plus en plus le niveau d'efficience d'une entreprise comme d'une collectivité territoriale, à défaut d'affecter le niveau d'efficacité. Efficience et efficacité : ne pas confondre. Par exemple, vous tuez un moustique avec un bazooka : efficacité parfaite, mais efficience désastreuse du fait de dégâts collatéraux considérables.

Par contre, dans la petite histoire qui va suivre, tout à fait authentique, je me contenterai d'évoquer une situation résultant d'années ou plus vraisemblablement de décennies de petites dérives que je serais cependant bien en mal de décrire en détail dans leur chronologie.

__Bureaucratie en folie__ :

La règlementation en matière de marchés publics évolue régulièrement, une réforme en chassant une autre. On laisse le temps aux fonctionnaires d'intégrer et de se familiariser avec les nouvelles règles. Puis, au bout de quelques années, en haut lieu, dans les bureaux feutrés d'un ministère, des personnes bien pensantes, pour qui le mieux ne sera jamais l'ennemi du bien, concoctent de nouvelles règles, pour davantage de transparence, de simplicité (sic !), d'équité entre les prestataires, une meilleure concurrence, bousculer des habitudes… Que sais-je !

À chaque réforme, dans les services techniques, on se posait toujours la même question : « Quelles nouvelles règles (contraintes) nos collègues du service des marchés allaient inventer pour compliquer un peu plus les procédures officielles ? » Car la loi n'interdit pas à la collectivité territoriale d'ajouter des dispositions complémentaires de son cru ou de jouer par exemple sur les seuils qui déterminent les niveaux de contraintes pour les consultations des prestataires. Pour acheter des bancs ou du matériel de bureaux, on n'appliquera pas les mêmes règles que celles obligatoires pour construire une école ou un lycée, fort heureusement.

Il y a quelques décennies, alors que j'étais cadre aux services techniques d'une ville moyenne, j'ai entrepris de décortiquer les procédures en vigueur en matière de marché de travaux, en listant toutes les étapes aussi insignifiantes soient-elles. C'est-à-dire chaque fois qu'un document changeait de main, depuis la décision d'engager des travaux jusqu'à leur réception définitive de l'opération. J'avais choisi un dossier simple : un seul corps d'état, un seul marché avec une seule entreprise, une consultation (mise en concurrence) simple, nécessitant cependant l'élaboration d'un dossier complet : cahier des clauses techniques particulières (CCTP), cahier des clauses administratives particulières (CCAP), une délibération du Conseil Municipal etc.

Nota : en fait de « cahiers », il s'agit généralement de « pavés » assez indigestes.

Travail fastidieux s'il en est. Certaines étapes prennent un certain temps : rédaction du CCTP, du CCAP, réalisation des travaux, mais en excluant dans mon décompte les rendez-vous et donc les comptes-rendus de chantier. À contrario, d'autres étapes sont minuscules, comme lorsque le bon de commande passe de main en main, dont celles des secrétaires ou des vaguemestres pour les inévitables signatures.

C'est ainsi que je suis parvenu au chiffre pharamineux de 150 étapes environ, dont 50 uniquement pour 5 circuits de signatures. Des années après, je n'en reviens toujours pas et je me demande encore si je n'ai pas rêvé, ou si je n'ai pas commis quelques grossières erreurs malgré plusieurs vérifications.

J'en ai parlé à mon collègue, le directeur financier qui m'a répondu que ce n'était pas grave : « Ils (les agents) ont l'habitude ».

Il n'avait pas tort, mais la somme de toutes ces petites étapes finissait par alourdir la procédure, et à occuper des agents à réaliser un travail inutile.

Parmi ces procédures, il y avait en particulier ces 5 circuits de signatures (l'élu aux travaux, le directeur des services techniques, l'ingénieur responsable, le technicien et sans doute le responsable des marchés). Des signatures qui n'étaient pas indispensables légalement (une seule aurait suffit) et qui étaient réalisées à la chaîne sans apporter la moindre plus-value.

<u>Commentaires :</u>

Quelle chance pour qu'un DGS, sans être confronté à une nécessité absolue et déjà en poste, dise : « Stop, on simplifie tout ça ! Les textes, rien que les textes ! » ? Aucune ! Après tout, même si les services concernés ont toujours le sentiment d'être toujours débordés, les missions sont effectuées !

Tout remettre sur la table pour de minuscules économies de personnel, ou plus intelligemment, développer des services à l'habitant ? Impensable ! Quand un poste est créé, c'est définitivement, comme dans l'entreprise Brouette ci-avant. Cette règle d'or est plus solidement inscrite dans les esprits que si elle était gravée dans le marbre. Plus d'autres bonnes raisons, comme devoir expliquer à des agents qu'ils ont travaillé assez sottement depuis des années, certes à leur corps défendant, mais c'est déjà trop. C'est aussi remettre en cause les compétences de la hiérarchie dont une des missions, et peut-être même la plus importante, est d'organiser le travail de leurs collaborateurs et de les rendre performants. Ce que nombre d'entre eux ont l'air d'ignorer d'ailleurs.

Pour hisser le mammouth sur la table d'opération, se lancer dans ce travail complexe et douloureux, il faut véritablement des circonstances exceptionnelles :

- La mise sous tutelle d'une mairie que les élus ont conduite à la ruine, ou laissée conduire à la ruine par une haute administration irresponsable : investissements déraisonnables, augmentation excessive de la masse salariale, placements à risque, voir toxiques (crise financière de 2008)... C'est là que la préfecture intervient, mais généralement, elle commencera par augmenter les impôts locaux et supprimer des postes et certaines missions non régaliennes (qui ne sont pas obligatoires). Il n'est pas certain par contre que le Préfet s'attèlera à l'amélioration de l'organisation et des méthodes. Trop compliqué. Alors, on taille à la hache plutôt que d'utiliser le scalpel.

- Changement et basculement de l'équipe municipale, avec de nouveaux élus, un nouveau DGS, de nouveaux DG (emplois fonctionnels). Mais à moins d'une situation très mauvaise du fait d'une masse salariale réellement excessive, il est peu probable que le nouveau DGS se lance dans cet exercice aussi périlleux que complexe. Pour imprimer sa marque, assoir son autorité, il chamboulera l'organigramme, changera quelques têtes. Le cas échéant, il créera de nouveaux services, contribuant à augmenter la masse salariale.

Pour rester dans cette veine et justifier un peu plus ces derniers commentaires, je propose d'évoquer une autre situation d'organisation, pourtant assumée pleinement, tandis que dans d'autres exemples, c'est davantage la routine et un savoir-faire insuffisant qui débouchent sur des organisations et des méthodes de travail peu performantes et même frustrantes pour les agents.

<u>Chacun son tour</u> : exemple de travaux dans les écoles.

Un patrimoine immobilier municipal, cela s'entretient. Prenons l'exemple des peintures intérieures des établissements scolaires. Au fil des ans, la peinture se patine, se fane, s'écaille parfois, ici et là, inéluctablement, puis se dégrade de plus en plus, jusqu'à atteindre un niveau de vieillissement inacceptable, indigne d'une école de la République, justifiant le mécontentement du corps enseignant et des parents d'élèves. Jusqu'au jour où il faut se résoudre à déclarer : « On y va ! On refait les peintures ! » En s'adaptant à l'air du temps, aux goûts du jour. Le « jaune pisseux » a eu ses heures de gloire, mais c'était il y a très longtemps.

Sont-ils agaçants ces directeurs d'écoles et ces parents d'élèves qui relancent sans cesse la mairie pour la réfection des peintures de leur école !

Dans cette ville moyenne, mon prédécesseur avait mis au point une méthode dont il était fier, qui consistait à satisfaire tout le monde en même temps. D'année en année, il donnait son feu vert pour repeindre une ou deux classes ici et là, ou un couloir, ou une salle de jeux. Ainsi, chaque directeur bénéficiait de travaux de réfection de peinture dans son établissement tous les ans, avec le sentiment d'avoir été entendu. Certes, partiellement, mais un peu tout de même.

Conséquences : en matière de peintures intérieures, les écoles de la commune étaient des patchworks à différents niveaux de fraîcheur (ou de vétusté). Une salle fraîchement repeinte jouxtant une autre qui attendait son tour depuis 20 ou 30 ans peut-être.

Sans oublier que, repeindre 10 classes disséminées dans 10 écoles différentes coûte sensiblement plus cher que de repeindre 10 classes dans une même école, sans compter le travail supplémentaire pour les services qui doivent gérer 10 petits dossiers au lieu d'un gros : RV de chantier, factures multipliées…

Quand aux directeurs d'école et aux parents d'élèves, confrontés à des établissements sans cesse en travaux, cette situation ne les satisfaisait pas complètement, les contraignant à être sur la brèche en permanence pour arracher la réfection d'une ou deux classes chaque année.

C'est cette situation que j'ai découverte quand j'ai pris mes fonctions de responsable du service bâtiments. Et j'ai pu rapidement mettre en place une organisation plus logique avec un programme pluriannuel des travaux de peinture après concertation avec les directeurs. Ce qu'ils ont très bien accepté. Car devoir pleurnicher en permanence (peut-être harcelés par les parents d'élèves) pour quémander des travaux très partiels leur déplaisait au plus haut point.

<u>Intérêt du chaos</u> :

Organiser un service pour le rendre performant, définir un cadre de travail, établir des consignes générales, permet à vos collaborateurs de bénéficier d'une certaine autonomie, sans avoir à demander l'accord du « chef » pour la moindre bricole.

En fait, mon prédécesseur, en ne définissant pas de cadre de travail pas plus que les marges de manœuvre de ses collaborateurs cela lui permettait de les contrôler, les réduisant à un rôle d'assistants. Tout à fait le portrait du DST que j'ai évoqué précédemment, sauf que ce type de management n'était pas dicté par de l'incompétence, mais par des intentions bien moins nobles aux relents « d'échange de bon procédés »… jusqu'au jour où le masque est tombé. « Tant va la cruche à l'eau… » Car le chaos permet aussi de dissimuler certaines libertés coupables prises avec les règles, si ce n'est la morale.

En fait, le cas de cet ingénieur aurait pu être évoqué dans le chapitre suivant consacré à la loi de Peter. À ceci prêt qu'il ne faudrait pas parler de réelle incompétence mais d'incompatibilité avec le poste, ce qui revient un peu au même. Un peu comme si on recrutait un escroc pathologique en col blanc pour un poste de trésorier dans une banque. Il n'y a alors pas incompétence, mais inadéquation.

Il faut aussi noter que cet ingénieur très actif, qui avait su se rendre indispensable, était très bien apprécié par la mairie (jusqu'au jour où…) et qu'il a par la suite bénéficié en d'autres lieux d'un déroulement de carrière flatteur.

Des élus qui veulent savoir.

À présent, prenons quelques distances avec M Parkinson… Ou pas ! En effet, la fameuse formule il est vrai moins connue que celle de Peter) est très générale. Et tout ce qui concoure de prêt ou de loin à la vérifier (faire la même chose, voir moins, avec toujours plus de moyens) a sa place dans son champ d'application.

La difficulté est que chaque petite étape prise séparément est la plupart du temps insignifiante et ne justifie pas une ou plusieurs embauches. C'est l'accumulation et l'interaction complexe entre ces petites dérives qui conduisent au résultat final, de manière graduelle, imperceptiblement.

Les patrons de l'Amirauté britannique n'étaient pas tous des crétins de première classe (mais je m'avance peut-être !). Ils ne se sont pas dit un beau matin : « Tiens, pour passer le temps, on va réorganiser les services administratifs (c'est là que se situait le problème) et embaucher un grand nombre de collaborateurs supplémentaires pour prendre en compte la baisse sensible de l'activité. Pourtant, chaque responsable, au fil des décennies, a contribué, par son manque de clairvoyance, au pire son incompétence, à augmenter progressivement les effectifs de l'Amirauté, avec toujours plus de procédures, jusqu'à ce que Parkinson, avec son regard extérieur, prenne le temps de comparer la situation de l'Amirauté quelques décennies auparavant et celle qu'il avait sous les yeux : beaucoup moins de navires à gérer et bien plus de personnel pour les gérer. Et en fait réellement beaucoup plus. Sans doute les cadres de l'Amirauté étaient-ils davantage préoccupés par le déroulement de leur carrière que par l'efficience de leur boutique.

J'ai dans ma besace à souvenirs d'autres exemples de situations conduisant à faire pareil avec davantage de moyens, ou, pire encore, à faire un petit peu moins avec davantage de moyens, mais pas nécessairement instantanément, en créant les conditions pour que cela survienne (les recrutements) lorsque tous les feux sont au verts (ou au rouge selon que l'on cherche à faire des économies ou à recruter un maximum d'agents) et franchir une nouvelle étape dans la dérive parkinsonienne. C'est la dernière goutte qui fait déborder le vase, mais il a fallu avant elle, de nombreuses gouttes sans conséquence fâcheuse.

Le nouvel exemple que je vais évoquer n'a pas sur le coup déclenché un ou plusieurs recrutements, mais à néanmoins contribué à ajouter une petite charge de travail pour un objectif dérisoire, qui aurait pu être atteint plus simplement, en étant moins coûteux en temps d'agent.

Dans une mairie, les décisions importantes, ou obligatoires au regard de la loi, sont prises par le conseil municipal (ou par les assemblées délibérantes dans les autres collectivités territoriales). Mais le conseil municipal d'une ville d'une certaine importance n'a rien à voir avec celui de celle ville fictive de la vallée du Pô, Brescello, présidé par le sanguin Peppone, dans la fureur et le bruit, avec un Don Camillo qui peut surgir à tout moment, avec un solide gourdin à la main.

En amont du conseil municipal il existe d'autres instances où des décisions d'étapes sont prises, où l'administration vient prendre certaines directives pour les dossiers en cours. Qu'importe les noms donnés à ces instances ! Dans certaines villes, on parlera de groupes de travail, composés de fonctionnaires qui viennent présenter les dossiers, et d'élus qui tranchent, décident, amendent, réorientent etc., sous la houlette d'une président. Car sans chef, ce ne peut être que le chaos.

Certaines opérations s'étalent sur plusieurs années parfois, s'agissant de gros projets d'aménagements, avec de longue période pendant lesquelles les services s'activent sans avoir besoin de rendre compte aux groupes de travail concernés, qui peuvent perdre le fil des choses, et se trouver un peu déconnectés lorsqu'ils doivent les examiner à nouveau pour franchir une nouvelle étape.

J'ai fréquemment participé à ce genre de groupes de travail qui se déroulaient toujours dans un très bon esprit et une très bonne ambiance, avec des élus très sérieux et très accessibles.

Justement, ce sympathique et expérimenté président d'un important groupe de travail s'émeut du petit problème exposé ci-avant et propose à l'administration d'inscrire à l'ordre du jour une fois par trimestre un tour d'horizon de ces fameuses opérations au long cours et qui concernent donc ledit groupe de travail. Cela ne prendra que quelques secondes à chaque fois. Et l'administration adhère immédiatement à cette proposition légitime et de bon sens.

Oui mais !...

Ces groupes de travail, pour certains cadres, sont de formidables scènes pour impressionner les élus qui y siègent. Pour se faire valoir. Alors, quand ils présentent un dossier, ils sont tentés « d'en mettre pleine la vue » à des élus qui peuvent être flattés de l'intérêt qu'ils suscitent. Aussi, pour cette raison, et même sans cela, une présentation d'un dossier à un groupe de travail nécessite un travail en amont assez important. Parfois un peu au delà de ce qui serait strictement nécessaire, à grand renfort de schémas, de plans, de vidéos.

Tout cela est tout à fait compréhensible. Les élus siégeant dans ce type d'instance, et en premier lieu le président, possèdent certaines connaissances du domaine d'activité dont il est question, mais pas tout à fait au même niveau que les fonctionnaires dont c'est le métier. Alors, un effort particulier de pédagogie doit être consenti pour être bien compris, afin que les élus prennent des décisions pertinentes, en toute connaissance de cause.

Aussi, les quelques secondes devant être consacrées une fois par trimestre au suivi des dossiers au long court met en action toute une logistique de collecte des informations et de mise en forme. Certes, cela reste très peu de chose pour le service concerné, mais tout en demandant une activité et un petit stress supplémentaires.

Tout ceci peut prêter à sourire. Il n'empêche ! Et quitte à me répéter, ce sont ces minuscules tâches qui, en s'ajoutant à d'autres minuscules tâches, sont autant de gouttes d'eau, dont la dernière provoquera le débordement du vase, et conduira à un renforcement des services concernés sans aucune plus-value à la clé.

Quelle solution raisonnable pour répondre à la demande de ce président de groupe de travail ? Mais avant, posons la bonne question : cette demande légitime et de bon sens correspond-elle à une véritable nécessité ? Les bonnes questions ont-elles été posées ? Toujours les mêmes. Des informations élaborées par qui ? Destinées à qui ? Et pour mener quelles actions ? Même si la relation de cause à effet est ténue. En effet, un décideur a besoin d'être nourri d'informations pour développer des connaissances générales des dossiers qui requièrent des décisions de sa part ou sa simple participation à des décisions. Sinon informer pour informer, satisfaire une simple curiosité personnelle, cela n'a pas sa place dans le monde professionnel.

Encore faudrait-il que ce décideur s'y intéresse véritablement. Hors, en dehors du président directement concerné par sa délégation d'adjoint, les autres élus ont bien d'autres choses à faire. Eux-aussi ont une délégation spécifique qui demande toute leur énergie. Et souvent, ils font un peu tapisserie et ne sont présents que pour légitimer les décisions. Ils prendront connaissance de l'avancée des gros dossiers et oublieront très vite. Quand au président, il a d'autres moyens pour se tenir informé de l'évolution de la poignée de gros dossiers au long cours le concernant directement à l'occasion des contacts réguliers qu'il entretient avec le ou les services correspondant à sa délégation. Et puis même, un élu un peu motivé n'a guère besoin de ce genre de petites piqures de rappel.

Assistant à ce type de groupe de travail, j'ai observé un jour, pour la présentation d'un dossier d'urbanisme, la présence de cinq niveaux hiérarchiques. Amusant ? Pas tant que cela, car cela représentait beaucoup de temps d'agents (et de cadres !), pendant ce groupe de travail, mais aussi avant et après, et en disait long sur le nombre de niveaux hiérarchiques alourdissant le fonctionnement de l'administration dans ce secteur d'activité. Mais pour approfondir, je vous invite à faire un tour dans le chapitre suivant consacré à la « loi de Peter ».

Les commissions d'appel d'offres sont aussi un autre lieu de contact privilégié entre les élus et les fonctionnaires. J'ai le souvenir d'un collègue qui se faisait un point d'honneur à présenter en personne les dossiers préparés par ses services, plutôt que de laisser faire son collaborateur qui avait réalisé le travail. Les élus étaient-ils dupes ? Certes il est assez aisé d'abuser un élu, mais ce genre de zèle agaçait quelques uns.

Autre exemple de dérive bureaucratique :

<u>La mise en œuvre de la loi sur la maîtrise d'ouvrage publique</u> : (loi MOP : 1985, remplacée en 2019 par la loi sur la commande publique, qui l'a intégrée).

Cette loi est destinée à clarifier et organiser les rapports entre les acteurs de la construction publique, et en particulier des maîtres d'ouvrages (les collectivités territoriales : les propriétaires) et les maîtres d'œuvre (qui réalisent les études et procèdent à la mise en œuvre, dont les architectes).

L'administration a donc été chargée de mettre en musique cette loi en élaborant des consignes spécifiques, une sorte de guide des procédures, d'une logique imparable : un formidable travail réalisé avec une grande conscience professionnelle.

N'étant alors qu'accessoirement concerné après un changement d'affection, mais ayant une importante expérience passée du sujet, j'ai découvert une incroyable usine à gaz et des procédures d'une grande lourdeur administrative, générant une charge de travail accrue et des délais considérablement allongés.

Je m'en suis étonné auprès des ingénieurs recrutés sans que cela soit justifié par une augmentation notable du nombre de dossiers. Ils se sont amusés de ma question en me révélant qu'ils ne tenaient guère compte des nouvelles directives interprétant de manière excessivement bureaucratique la loi MOP. Mais un peu quand même, ce qui avait conduit à une augmentation du travail et donc débouché sur des embauches. En fait, chacun faisait un peu à sa sauce.

Ainsi, parfois, l'inflation des moyens humains, qui se fait habituellement par petites touches peut connaître de brusques et sensibles accélérations à la suite de nouvelles lois et de nouvelles méthodes de travail du fait d'une déclinaison inappropriée desdites lois.

Pour finir, je vous invite à jeter un petit coup d'œil sur les travaux de Parkinson (publications de 1955 et les années suivantes). Cependant, faute sans doute d'avoir suffisamment bien cherché, je n'ai pas trouvé de quelles manières très concrètes ces besoins d'augmentations des effectifs se matérialisaient. Les précisions ci-après font écho à certaines situations évoquées ci-avant.

1. *« Un bureaucrate entend multiplier ses subordonnés, pas ses rivaux » : il a une tendance à diviser le travail pour éviter d'être remis en cause par l'un de ses collaborateurs. Il crée ainsi des besoins de coordination interne, qui entraînent une charge de travail supplémentaire, puis l'embauche de collaborateurs supplémentaires. On construit ainsi un système « autarcique » qui va consommer, de manière endogène, une part croissante de l'énergie disponible, conduisant à la deuxième force :*

2. *« les bureaucrates se créent mutuellement du travail. » Plus il y a de bureaucrates, plus les demandes d'approbation qu'ils se communiquent mutuellement, ou tâches comparables, les occupent, de sorte que le travail accompli d'un point de vue extérieur par l'administration dans son ensemble n'augmente pas.*

Et aussi :

La loi de Parkinson (je passe sur les formules mathématiques proposées par Parkinson) est la loi qui prédit l'augmentation inéluctable des bureaucrates avec un taux d'environ 6 % par an, indépendamment de la quantité de travail à fournir ou même de sa simple légitimité. Elle est également appelée « Loi de la pyramide sans fin » et a conduit à des expressions comme « développement parkinsonien des administrations ». C. Northcote Parkinson a ainsi mis en évidence une maladie fondamentale des bureaucraties administratives.

Le principe de PETER

Le principe de Peter (Laurence J. Peter, pédagogue canadien 1919-1990) est davantage connu que la loi de Parkinson. Sans doute parce que plus facilement accessible au commun des mortels. Qui, dans sa vie professionnelle n'a pas subi le joug d'un supérieur parvenu à son niveau d'incompétence en se demandant par quelle diablerie ce type s'était hissé jusque-là ? Sans oublier l'agent de l'administration qui ne veut rien comprendre à votre problème, ou ne peut rien y comprendre, à plus forte raison si son supérieur direct, par qui pourrait venir le salut, est aussi bouché que lui ? Sans oublier certains super managers de haut vol, ces capitaines d'industrie qui conduisent leur société à la ruine et dont on découvre tardivement l'incompétence crasse que dissimulaient d'incontestables talents de bonimenteurs.

L'approche provocatrice, iconoclaste et zestée d'humour et de dérision des auteurs (ils s'y sont mis à 2 : Peter bien entendu mais aussi un autre canadien Raymond Hull) du bouquin éponyme a permis de populariser le principe de Peter. Publié en 1969 il est devenu un best-seller - dans sa catégorie - traduit dans 38 langues. Avec la trouvaille de mots ou d'expressions jubilatoires et pleins de fantaisie, et de patronymes du même tonneau pour désigner les personnages fictifs des très nombreux cas évoqués, fruits d'investigations rigoureuses : « tarabiscotage latéral » (pseudo promotion); « mégaloburomanie » (obsession des bureaux gigantesques : cela vous parle ?) ; Melle Jessica Fouille, Mr Urbain Zaine etc.

Mais avant de poursuivre, j'ai fait le choix de recopier ci-dessous de larges extraits de textes consacrés au principe de Peter, que je suis allé pêcher dans wikipédia.

« Selon ce principe, dans une hiérarchie, tout employé a tendance à s'élever à son niveau d'incompétence », avec pour corollaire que « avec le temps, tout poste sera occupé par un employé incapable d'en assumer la responsabilité ».

Explication du principe.

Le principe de Peter, fondé sur une évaluation d'un niveau de compétence, propose de décrire les évolutions de carrière dans les hiérarchies par des principes de base simples, puis étudie les corollaires qu'impliquent ces postulats.

- *Principes de base :*
  - *un employé compétent à un poste donné est promu à un niveau hiérarchique supérieur ;*
  - *un employé incompétent à un poste donné n'est pas promu à un niveau supérieur, ni rétrogradé à son ancien poste.*

- *Corollaires 1 :*
  - *un employé ne restera dans aucun des postes où il est compétent puisqu'il sera promu à des niveaux hiérarchiques supérieurs ;*
  - *par suite des promotions, l'employé finira (probablement) par atteindre un poste auquel il sera incompétent ;*
  - *par son incompétence à ce poste, l'employé ne recevra plus de promotion, il restera donc indéfiniment à un poste pour lequel il est incompétent.*

- *Corollaires 2 :*

o *à long terme, tous les postes finissent par être occupés par des employés incompétents pour leur fonction ;*

o *la majorité du travail est effectuée par des salariés n'ayant pas encore atteint leur « seuil d'incompétence ».*

Si on part du principe que plus un poste est élevé dans la hiérarchie, plus il demande des compétences et plus son impact est grand sur le fonctionnement de l'organisation, alors il en découle que l'impact de l'incompétence de l'employé aura été maximisé par le niveau hiérarchique du poste auquel il aura été promu. Le principe reste valable si on l'étend, d'une hiérarchie administrative ou d'entreprise, à la société dans son ensemble ».

Tout ceci est très bien ficelé, d'une logique imparable et très convaincante. Cependant, sans méconnaître la pertinence et l'utilité du principe de Peter, il me semble que son inventeur fait preuve d'une radicalité excessive, et les situations qu'ils évoquent pour appuyer ses affirmations me paraissent souvent assez simplistes. Dans la vie professionnelle réelle, que Peter ne connaît qu'à travers les innombrables témoignages qu'il a recueilli, les situations sont bien plus complexes, bien plus nuancées. L'humour et le ton souvent sarcastique qu'il utilise généreusement altère la crédibilité du propos, mais il est vrai que sans ces artifices, son livre n'aurait pas connu un tel succès. Un ouvrage trop scientifique aurait été jugé trop rébarbatif. Qui l'aurait lu ? Et qui parlerait à présent du principe de Peter ?

L'approche est également très anglo-saxonne et résolument libérale. S'agissant des employés susceptibles d'être virés rapidement, les hyper-compétents (paradoxe souligné par Peter) comme les hyper-incompétents (ce qui est davantage logique et sain), cela ne concerne en aucun cas les fonctionnaires titulaires français. Pour être virés de l'administration, en France, il ne suffit pas d'être hyper-compétent ou hyper-incompétent, il faut ajouter de gros écarts de comportement : absentéisme récurrent, alcoolisme sévère, agression contre un supérieur, un collaborateur, un subalterne ou un tiers, corruption. Et encore ! Un hyper-incompétent pourra tout au plus être réduit à végéter dans un placard plus ou moins doré, et l'hyper-compétent pourra se voir contrarié dans son déroulement de carrière.

Enfin, les effets néfastes du principe de Peter sur les aspects financiers ne sont guère évoqués, même si pour ma part, cette relation de cause à effet est évidente et fait que le principe de Peter a toute sa place dans cet ouvrage consacré au détournement et au gaspillage des deniers publics.

Peter fait cependant état d'une enquête qui montrerait que 53 % des faillites sont dues à l'incompétence du management. Autrement dit, aux anciens « suiveurs » qui s'efforcent sans succès d'être des « meneurs ». C'est-à-dire des subalternes ayant été promus à leur niveau d'incompétence. Ce qui parait assez logique et permet de mieux comprendre l'amertume, pouvant se transformer en fureur, des simples employés, victimes de licenciements quand leur entreprise a été conduite à la ruine par l'incompétence d'une poignée de dirigeants, voir d'un seul d'entre eux quand c'est le chef suprême qui a failli.

Dans une collectivité territoriale, il ne peut-être question de faillite, sauf les rares cas de situations financières calamiteuses et inextricables, obligeant l'autorité de tutelle (le préfet) à se substituer au maire et accessoirement à son DGS, pour trancher dans le vif.

À mon avis, le principe de Peter traite d'une des causes (l'accès inéluctable d'un nombre significatif de fonctionnaires à leur niveau d'incompétence) du phénomène disséqué par Parkinson avec sa loi. On observe aussi que Peter adopte principalement une démarche empirique, en partant de postulats, à grand renfort de cas qu'il caricature sans doute, tandis que Parkinson s'efforce de démontrer et de mettre sa loi en équation.

Pour illustrer les effets dévastateurs, voir gravissimes, de l'incompétence lorsqu'elle se manifeste à un très haut niveau comme le souligne Peter je vous propose, en guise de super bonus, d'évoquer la question de la pénurie de médecins en France.

<u>Super Bonus</u> : la pénurie de médecins et le numerus clausus de médecine. Incompétence collective et omerta.

Il y a quelques décennies s'est imposée la (pertinente) nécessité de mieux organiser et de mieux réguler la formation des médecins, au risque de voir leur nombre exploser, bien au delà des besoins (avec, accessoirement, le risque de devoir partager le gâteau entre un trop grand nombre de convives, ou voir exploser les dépenses de santé). Et cela dès le tout début des années 70.

C'est ainsi qu'à été mis en place le fameux, et à présent défunt, numerus clausus (NC) qui n'était qu'un simple outil. Un outil qui peut être la meilleure ou la pire des choses selon la manière dont on s'en sert. Par exemple, un couteau peut servir à couper son pain, une tranche de saucisson, mais aussi à assassiner quelqu'un. Et il n'est jamais venu à l'idée de quiconque (sain d'esprit) d'accuser d'un crime le couteau qui a servi à l'assassin pour perpétuer son forfait, mais bien l'assassin en personne. À moins que ledit couteau soit un jour doué d'une conscience par la magie invraisemblable d'une intelligence artificielle apocalyptique de science fiction.

Aussi, ce n'est pas le numerus clausus, et donc ceux qui l'on inventé, qui est responsable de la pénurie actuelle de médecins en France, mais bel et bien celles et ceux qui ont réduit de manière irresponsable le nombre d'étudiants admis en seconde année de médecine.

Des chiffres sont accessibles, à prendre avec précaution, mais qui n'en sont pas moins suffisamment fiables pour être révélateurs de l'inconséquence des décideurs qui, au fil des décennies passées, ont réduit drastiquement le numerus clausus, avant de le faire remonter, bien trop tardivement. Et de fait, les courbes accessibles sont vertigineuses.

1972 : 8588 heureux élus.

1993 : 3500 (le niveau le plus bas)

2018 : 8205 pour 57 591 candidats. Ce qui fait mentir en passant l'argument avancé par certains d'un manque d'attractivité des carrières de médecine.

Mais quand on cherche à savoir quels ânes bâtés sont responsables de la réduction jusqu'à l'absurde du NC, il est bien difficile de mettre des noms, qu'il s'agisse de personnalités politiques (qui se contentent bien souvent de suivre les avis de leurs conseillers, dans un domaine très technique qu'ils ne maîtrisent généralement pas ou trop peu et surtout de hautes personnalités et de hauts fonctionnaires qui hantent diverses instances soit disant éclairées (sans doute à la bougie en ce qui concerne le NC). Des responsables irresponsables qui ont fini par admettre (bien trop tardivement) que la politique d'un NC toujours plus bas était absurde, avant de le faire remonter, trop lentement, comme à regret, et comme une manière de ne pas renoncer trop vite à leur lubie délirante, et celles de leurs aînés, dans un esprit de corps absolument remarquable.

Et c'est là que joue l'omerta qui consiste à essayer de noyer le poisson pour protéger la réputation et la mémoire d'une poignée de grands décideurs. Mais comme il faut bien un responsable désigné, on met tout sur le dos du fameux numerus clausus et on l'assassine en grande pompe. Alors que rien ne change véritablement sur le principe, sauf que la détermination du nombre d'étudiants en médecine admis en deuxième année est plus complexe qu'elle n'a jamais été.

Certes, on tape sur certains élus, mais pas trop fort, car, on sait très bien qu'ils n'y sont pour rien, ou si peu.

Effet secondaire parmi tant d'autres de ce fiasco insensé : toute une génération d'étudiants brillants, autant de potentiels remarquables praticiens, qui rêvaient de faire carrière dans la médecine ont été sacrifiés tandis que des citoyens doivent aujourd'hui galérer pour obtenir des rendez-vous dans des délais raisonnables, et pour certains parcourir de grandes distances pour trouver un généraliste pourtant indispensable. Sans compter ces médecins de plus en plus nombreux refusant de recevoir de nouveaux patients.

<u>Super Bonus bis</u>: l'EPR Flamanville et ses dérapages dantesques.

Il serait inexacte de prétendre qu'aucune étude n'a précédé le lancement de ce type de réacteur nucléaire révolutionnaire, mais certainement pas à la hauteur des enjeux et de la complexité d'une telle opération et de ces milliards qui, au fil des ans, n'ont eu de cesse de se reproduire comme des lapins en chaleur.

Aussi, on peut considérer que la toute première estimation résultait davantage de la technique ancestrale du doigt mouillé plutôt que d'une analyse fine du projet.

Mais ce fiasco absolu est bien la conséquence d'erreurs grossières au plus haut niveau, en matière de méthode, d'organisation et plus généralement de management. Autant que la perte d'un savoir faire résultant de choix politiques à courte vue.

Ce n'est pas moi qui le dit, mais Jean Martin Folz, très brillant ingénieur « X Mines » (c'est à dire un polytechnicien passé ensuite par l'école des mines de Paris), au CV et aux états de services prestigieux longs comme le bras.

Son excellent rapport (2019), soit une trentaine de pages accessible en ligne, accorde une large place à un réquisitoire très sévère pour un bataillon de très hauts dirigeants qui ont multipliés pendant des années les mauvais choix. Seul bémol à ce rapport relativement facile à lire : Folz s'est gardé de donner des noms. Tout d'abord, il y en avait trop. Ensuite, il n'a pas été jusqu'à pointer du doigt ses collègues « X Mine ». Cependant, les erreurs de ces brillants cerveaux étaient trop grossières pour qu'il les blanchisse complètement, au risque de gâcher sa crédibilité.

Moralité : si, comme l'affirme. Peter, un incompétent de haut niveau peut faire d'importants dégâts, quand ils sévissent en équipe, le pire devient possible.

Après cette double parenthèse d'ampleur nationale, on descend de plusieurs crans pour évoquer un cas concret des possibles effets dévastateurs du principe de Peter, mais à l'échelle de l'agent promu à son niveau d'incompétence.

Un échelon de plus... ou de trop : inspiré librement de faits réels qui m'ont été rapportés.

Titulaire d'un bac plus 2 (DUT ou BTS), Thomas à été recruté par une grande ville et affecté au service voirie (qu'importe la spécialité !) où il a donné toute satisfaction par ses connaissances techniques, son sérieux et son sens du contact, avant d'être promu ingénieur subdivisionnaire responsable de la petite équipe dont il avait été un membre apprécié auparavant. Dans ce poste à responsabilités ses qualités et son expérience lui permettent de donner là encore toute satisfaction, du fait notamment de ses compétences acquises sur le terrain.

Mais un bon fonctionnaire se doit d'avoir de l'ambition, et de toujours chercher à s'élever dans la hiérarchie, et pour Thomas, cela signifie être promu ingénieur principal.

La haute administration n'y voit aucun inconvénient. Bien au contraire. Cependant, il n'est pas imaginable de nommer Thomas ingénieur principal dans le poste relativement modeste qu'il occupe brillamment à ce jour, et au dessus de lui, l'horizon est bouché par des supérieurs inamovibles. Il faut noter que dans certaines mairies, on ne s'embarrasse pas pour si peu, ce qui aboutit à des écarts parfois considérables entre le grade et la fonction, avec des ingénieurs qui font un travail de technicien, ou pire encore, ou des attachés qui font fonction de rédacteur.

Thomas est donc sur liste d'attente, à l'affût d'un poste d'ingénieur principal qui se libérerait ou serait créé.

Justement, un poste de responsable vient de se libérer au service des bâtiments (c'est un exemple qui se prête bien à la démonstration) : retraite, mutation ou promotion du titulaire, qui aspire à atteindre son niveau d'incompétence ! Qu'importe !

Faute de mieux, Thomas est donc nommé au grade d'ingénieur principal au service bâtiment de la mairie, et quelques trop courtes années plus tard…. Il décède d'un cancer de l'estomac.

Le destin ?… La fatalité ?… Aucune relation de cause à effet ?…

Mais qu'en pense la petite souris ?… Et zut ! J'ai oublié de vous présenter la petite souris, une adorable bestiole génétiquement modifiée qui a élu domicile dans un coin du bureau de Thomas, et qui observe tout, entend tout.

La petite souris a senti que Thomas n'était pas épanoui dans son nouveau poste. N'ayant pas de culture bâtiment et, à son âge, n'ayant ni trop l'envie ni l'énergie pour l'acquérir dans des délais raisonnables, il ne se sentait pas à l'aise au milieu de ses ingénieurs et autres techniciens qui étaient tombés dedans tout petit. Ce n'était pas pour rien qu'il se sentait davantage à son affaire devant un large auditoire à parler de sujets généraux plutôt qu'en face à face avec une personne du métier, dans la mesure où il ne possédait ni les références, ni les codes, ni le vocabulaire propre à ce secteur d'activité. Bref, il avait peu de chance de faire illusion.

Pourtant, tout se passait pour le mieux en apparence. Il était le chef ; il n'avait pas à mettre les mains dans le cambouis et pouvait limiter les contacts avec les entreprises. Quand à ses collaborateurs ?... Ils connaissaient parfaitement leur boulot, passionnant par ailleurs, et respectaient ce chef sur lequel ils n'avaient pas besoin de compter, ou si peu, et qu'aucun n'ambitionnait farouchement de remplacer, ou qui attendaient sagement leur tour. En clair, Thomas occupait un poste pas vraiment indispensable, du moins à court et à moyen terme. Et son chef à lui ? Un type intelligent qui comptait sur Thomas pour laisser le service tourner, sans se sentir obligé de mettre son grain de sel et de compliquer les choses, en voulant tout voir, tout contrôler. Il trouvait même la situation confortable pour lui. Thomas était un bon subalterne, droit, honnête, sympathique et au contact agréable, qui ne remettrait jamais en cause l'autorité de son supérieur direct.

C'est ainsi que la petite souris (qui avait lu le principe de Peter) pensait que son ami (elle s'était prise d'affection pour Thomas) avait sans nul doute atteint son niveau d'incompétence, mais uniquement sur ce poste précis qui réclamait des capacités de management certes, mais, hélas pour Thomas, également un minimum de connaissances générales en bâtiment.

D'ailleurs, Thomas, cadre honnête et consciencieux, s'était montré très intelligent et habile en accordant à ses collaborateurs de larges marges de manœuvre, dont il savait qu'ils n'abuseraient pas, du fait du soutien du grand chef qui était un vrai ingénieur bâtiment et n'avait pas atteint son niveau d'incompétence.

Alors, la petite souris a-t-elle tort ou raison ? Le stress que dissimulait Thomas avait-il quelque chose à voir avec son cancer de l'estomac, ou bien cela n'est-il qu'une légende urbaine parmi d'autres ? Cela, on ne le saura jamais avec certitude. Les avis des spécialistes tendent clairement à écarter cette hypothèse,… tout en considérant que « *le facteur psychologique peut induire et accentuer des douleurs gastriques* ». Des douleurs gastriques pouvant engendrer un ulcère, qui à son tour etc. Mais une chose est certaine : Thomas stressait en silence et ce cancer fatal de l'estomac est arrivé bien vite après sa nomination pour que la petite souris ne se pose pas la question.

Nota : officiellement donc, le stress psychologique ne contribuerait ou ne prédisposerait pas au cancer de l'estomac. L'avantage (pas pour les salariés) est évident : ce type cancer ne peut pas être assimilé à une maladie professionnelle qui serait consécutive, par exemple, à un harcèlement moral, contrairement à une bonne dépression. Même en l'absence des facteurs de risques habituels comme le tabagisme, la surconsommation de sel ou les antécédents familiaux.

À la lumière de ce cas au dénouement tragique et troublant, on peut à juste titre estimer que Peter (surtout) autant que Parkinson présente une vision assez caricaturale du monde du travail.

Afin de poursuivre dans la même veine, je vais évoquer deux situations plus convaincantes pour illustrer le principe de Peter.

<u>Ma chef « N + 2 » ! Je n'en peux plus !</u>

Pierre est ingénieur, cadre supérieur dans les services d'une ville importante. En fin de carrière, à l'aise dans son poste, sans souci avec ses collaborateurs et son supérieur, il sait qu'il n'aura jamais l'occasion d'accéder à son niveau d'incompétence et il mène sa petite vie de fonctionnaire, sans trop forcer, mais avec sérieux.

Un jour, Martine, une collègue ingénieure dans un tout autre service le contacte et sollicite les conseils de ce brave vieux Pierre. Compétente et reconnue depuis des années dans son travail au service informatique, elle souhaite ardemment changer d'affectation.

Pierre s'étonne. Aurait-elle des problèmes dans son poste actuel ? Il connaît assez bien la cheffe de Martine, une ingénieure informaticienne elle aussi, très expérimentée, intelligente, sympathique, dont il n'a jamais entendu que du bien.

Martine explique que ce n'est pas sa N+1 qui lui empoisonne la vie, mais sa N+2, la cheffe de sa cheffe, depuis que le service informatique a intégré une grande direction générale un peu fourre-tout. La principale occupation de cette super-cheffe est en effet de corriger systématiquement tous les documents produits par Martine (courrier, rapports, comptes-rendus de réunion). Pour des détails : une virgule, un mot. Uniquement des corrections touchant la forme, cette super-cheffe étant par ailleurs incompétente en informatique de niveau professionnel

Comme par hasard, cette super-cheffe est issue de la promotion sociale. Elle vient même de loin et à franchi un certain nombre d'échelons. Parcours méritant donc. Mais elle se comporte toujours comme un petit chef qui veut tout voir, tout contrôler, affirmer son autorité de quelque manière que ce soit. En clair, cette super-cheffe ne sait pas déléguer, coordonner, faire la part des choses. Elle n'a pas su s'adapter, un peu comme Thomas, mais à un niveau supérieur, en étant une incompétente super-active, au point de brider le travail de ses collaborateurs. Faute d'apporter un plus elle se contentait de jouer à la maîtresse d'école.

Détail intéressant : le supérieur de cette super-cheffe, le grand DGS en personne, venait lui aussi de la promotion sociale et on peut penser qu'il faisait partie de ces cadres qui considèrent qu'être cadre, c'est d'abord une manière d'être, de s'habiller, de s'exprimer, de se comporter en société, de caresser les élus dans le sens du poil. Bref, de bien porter le costume en se contentant de paraître. Ce qu'il faisait remarquablement bien. Autant de choses auxquelles les élus sont généralement sensibles.

<u>Épilogue</u>.

- Martine a fini par être nommée dans un poste sans aucun rapport avec celui qu'elle occupait jusqu'alors, où elle donna toute satisfaction.

- La cheffe de sa cheffe finira par faire un burnout. La promotion sociale a ses limites, même si j'ai croisé dans ma carrière des techniciens ou des rédacteurs ayant très bien réussi et donné toute satisfaction, en parvenant au top du top. À contrario, il y a des individus formés dans les meilleures écoles supérieures qui ont déjà atteint leur niveau maximum de compétence avant même d'entrer dans la vie active. Dès leur premier poste, ils accèdent à leur niveau d'incompétence. Le diplôme n'est pas tout fort heureusement.

<u>Et dans le privé, cela donne quoi ?</u> Situation réelle dont j'ai eu connaissance.

Franck est un jeune diplômé d'une école d'ingénieurs de renom, embauché par une entreprise de travaux publics, sous les ordres directs d'une jeune femme elle aussi ingénieure bien diplômée, un peu plus ancienne dans l'entreprise. Mais là-aussi, le comportement de cette responsable est davantage celui d'un petit chef, qui ne laisse aucune initiative à son collaborateur, qui n'en peut plus et finit par demander sa mutation sur un autre poste de cette entreprise importante, en obtenant un entretien avec son N+2.

Comme l'autre s'étonne, Franck finit par déballer son sac, ce qui n'a pas l'air de trop étonner le N+2 qui accède à la demande, mais sans condamner sa collaboratrice. Il l'a sans doute recrutée, et l'écarter reviendrait à se désavouer.

Là aussi un burnout ultérieur pour la chef qui n'a pas pris la mesure de son poste. Encadrer des contremaîtres, cela n'a pas grand chose à voir avec le fait d'encadrer des ingénieurs à qui on est censé accorder de plus grandes libertés de manœuvre. Savoir déléguer, c'est accepter que le travail soit réalisé par un subalterne différemment de ce que l'on aurait procédé, pour un résultat identique ou équivalent. Cela n'est pas à la portée de tout le monde. Cela réclame d'abord une bonne confiance en soi.

<u>Sans oublier les élus :</u>

Peter considère que « *un parti politique, de nos jours, est avant tout un appareil visant à sélectionner les candidats qu'il s'efforcera ensuite de faire élire aux postes de responsabilité* ». De son point de vue, une ancienne définition les décrivant comme « *un groupe de gens qui partagent le même avis et coopèrent pour faire avancer leurs intérêts communs* » ne concerne plus que les lobbies.

Franck a bien changé ces dernières années. Oublié le fonctionnaire, petit cadre administratif ; bonjour « Monsieur le Député », avec ses beaux costumes, ses assistantes pimpantes et interchangeables suivant l'humeur du moment, ses confortables indemnités et autres avantages.

En faisant le tour des personnes qu'il a côtoyé jadis, il identifie Marie-Louise, une belle plante « ouverte d'esprit », qui, par le passé, ne s'intéressait pas autant à lui qu'il l'aurait souhaité.

Une nouvelle chance de conclure peut-être, de l'inscrire enfin à un tableau de chasse déjà bien garni à faire le beau dans les couloirs de l'Assemblée Nationale. Voulant expliquer son succès auprès de la gente féminine, Valery Giscard d'Estaing avait déclaré à un ou une journaliste : « Le pouvoir rend beau ».

La belle accepte un rendez-vous devant un café. En tout bien tout honneur ; (Ils disent tous cela !) On parle du bon vieux temps, pas si lointain, et on se laisse aller à des confidences. Justement, une question brûle les lèvres de Marie-Louise qui finit par demander pourquoi le parti de Franck, et donc Franck lui-même en tant que figure locale majeure, favorise l'élection de personnes réellement très limitées en prenant l'exemple d'un conseiller départemental franchement médiocre. En particulier sur des circonscriptions acquises au parti ! Une élue locale PS dont la candidature à la députation avait été rejetée par sa section m'avait déclaré un jour, par dépit : « Une vache tenant une rose avec son sabot était certaine d'être élue !»

Réponse de Franck : « Que crois-tu ! Je n'ai aucun intérêt à favoriser la carrière de membres de mon parti qui pourraient me faire de l'ombre, voir essayer de me piquer mon poste !

Et un point de plus pour Peter.

Autres pistes

Dans son « best-seller », Peter déploie beaucoup d'énergie pour expliquer et démontrer que son principe, par son universalité et sa rigueur absolue, supplante sans l'ombre d'un doute tout ce qui a été écrit avant lui sur le sujet, mais également tout ce qui pourra être écrit par la suite, au point d'en devenir parfois ennuyeux.

Même Parkinson ne trouve pas grâce à ses yeux, tout en saluant hypocritement les louables efforts que son aîné a consenti pour tenter d'approcher la vérité, que lui, Peter, à révélé à la planète entière.

Faut-il voir là une facétie supplémentaire d'un génial pince-sans-rire, ou bien notre pédagogue croit-il sérieusement à ce qu'il écrit ? Les nombreux traits d'humour qui émaillent ses propos pourraient faire penser que la première hypothèse est à privilégier. Quoique ! La modestie pourrait être réellement la grande absente de la personnalité du personnage !

Pour ma part, il me semble que le sujet ne sera jamais clos, tant il est vaste et multiforme, évolutif, et qu'il existe encore de nombreuses pistes à explorer concernant le fléau de l'incompétence qui gangrène les sociétés depuis la nuit des temps, et qui conduit en particulier au gaspillage de l'argent public, puisque tel est le thème de ce présent ouvrage. Je me contenterai d'évoquer dans les prochaines lignes les pistes de réflexions suivantes : le clientélisme, le mille-feuille administratif et la multiplication des niveaux hiérarchiques.

<u>Clientélisme</u> : le bon coup de piston !

Il ne faut pas tomber dans l'excès en considérant qu'un employé pistonné serait nécessairement un employé incompétent. Dans certains cas, il s'agit pour le « pistonneur» de substituer en toute sincérité sa suggestivité à celle d'un jury théoriquement plus compétent pour choisir un bon candidat, mais qui se trompe si souvent ! En particulier lorsqu'il y a pléthore de bons candidats et que les départager se révèle être un exercice périlleux et hautement aléatoire. Les placards dorés sur tranche ou de bois brut des entreprises et des administrations ne manquent pas de brillants candidats qui se sont montrés rapidement des employés incompétents, après être pourtant passés devant des jurys scrupuleux et impartiaux. À titre personnel, il m'est arrivé d'embaucher, un peu contraint et forcé, des collaborateurs que je n'aurais jamais retenus dans le cadre d'un jury et qui se sont montrés parfaitement à la hauteur.

Il me vient aussi à l'esprit une étude (USA ?) affirmant qu'un candidat avec un physique avantageux était favorisé par rapport à un candidat au physique plus ordinaire, et à fortiori ingrat. Et les candidats ne sont-ils pas encouragés à se montrer sous leur meilleur jour, quitte à dissimuler leur véritable personnalité, à jouer un rôle devant un jury, comme le ferait un acteur dans un casting. Sauf qu'on ne demandera pas à un acteur d'être lui-même par la suite, mais d'habiter un personnage pour la durée de quelques scènes de cinéma ou de théâtre.

Autre souvenir. À l'issue d'un jury de recrutement, la représentante du service du personnel avait regretté que je ne n'aie pas retenu une certaine candidate qu'elle avait à la bonne, en me disant : « Devant le jury, elle avait été pourtant très bien ! » J'aurais pu lui répondre que je ne cherchais pas une bonne comédienne, qui donne le change devant un jury, mais une candidate parfaite pour le poste proposé.

De fait, quand je participais à un jury de recrutement, j'essayais d'évaluer les véritables personnalités des candidats en décelant des indices subtiles, au-delà du stress légitime que pouvaient montrer certains.

Cependant, le clientélisme, lorsqu'il se généralise, conduira immanquablement à ce qu'un nombre croissant d'employés soient affectés à des postes où ils seront incompétents, avec à la clé les mêmes conséquences néfastes : mauvaises décisions, travail mal ou pas réalisé, mauvaise ambiance de travail, recrutements de compensation et donc fatalement baisse des performances conduisant à la faillite des entreprises privées, ou au gaspillage de l'argent public pour les collectivités territoriales ou les structures parapubliques.

Pourquoi donner des exemples ? Quiconque peut en juger à travers sa propre expérience. Comme observateur, pistonné ou « pistonneur » comme j'ai pu l'être dans ma carrière, il est vrai en de très rares occasions.

Le pistonné incompétent a-t-il conscience de son incompétence, et quel peut être alors son comportement ? Ou bien, en cas de difficultés à assumer correctement ses fonctions, ne se ment-il à lui-même en rejetant la faute sur des tiers, ses collaborateurs, ses collègues, son supérieur ? Ne risque-t-il pas de développer des comportements déviants ou de compensation, préjudiciables à sa santé physique ou mentale, ou à celle de son entreprise ou son administration, c'est-à-dire, en fin de compte, aux deniers publics ?

Pour avoir été brièvement (un an quand même à la charge du CNFPT!) au placard et avoir pu observer des collègues au placard (principalement au CNFPT) sur de longues périodes, je sais que la prise de conscience de son inutilité est moralement très difficile à vivre. Même s'il s'agit d'une incompétence circonstancielle, qui n'a rien à voir avec le niveau hiérarchique où l'on se situe. On peut se retrouver incompétent (ou simplement écarté pour toutes autres raisons qu'une incompétence tenace) sur un poste donné, et épanoui et encensé sur un autre poste de niveau équivalent, voir supérieur. Ce que j'ai eu l'occasion de vérifier en l'ayant vécu personnellement à deux reprises.

L'agent considéré comme incompétent n'est peut-être tout simplement pas affecté à un poste qui correspond à ses qualités et compétences. Les choses se corsent quand l'incompétent se trouve propulser à un haut niveau (question qu'aborde Peter dans son livre), sans possibilité de changement d'affectation qui ne serait pas une régression sociale. Mais pour ces gens-là, il existe des placards dorés, des postes prestigieux tout autant qu'inutiles, des sièges confortables dans des conseils d'administration de toutes sortes d'organismes, comme dans la coopération (l'action caritative quatre étoiles, comme les hôtels qu'affectionnent ce genre de personnages lorsqu'ils parcourent le monde).

Dans ma vie professionnelle, j'ai également pu observer des cadres incompétents se comporter comme d'épouvantables tyrans, tant qu'ils avaient le soutien de la hiérarchie qui les avait nommés. Une hiérarchie toujours réticente à se déjuger. En laissant le temps passer, avant de prendre enfin des dispositions pour neutraliser l'incompétent nuisible, cette hiérarchie se dédouanera en se persuadant que c'est au fil des ans que le bon candidat qu'elle avait retenu, est devenu de moins en moins compétent. Et en attendant, elle feint de considérer que ce sont les collaborateurs de leur poulain qui sont incompétents. Pathétique stratégie !

<u>À suivre, une expérience personnelle qui montre toute la complexité du sujet et devrait inciter tout recruteur à la</u>

prudence et à l'humilité. Je vous invite à me suivre dans la mairie dont Marcel est le premier magistrat.

On recrute : « Pas de problème !»

Merci Marcel !

L'activité de surveillance des parcs publics de la ville de « X » croît sensiblement à l'arrivée des beaux jours. La fréquentation augmente, et surtout, les plages horaires d'ouverture des parcs clos, c'est-à-dire les plus sensibles et les plus surveillés, s'allongent alors que les agents titulaires doivent prendre leurs congés.

Pour faire face à cette situation estivale, il est nécessaire de recruter des agents vacataires, pour des périodes variant de 1 à 4 mois.

Je reçois les candidats avec le responsable de l'équipe. Il ne s'agit que de recruter des vacataires pour des périodes assez courtes. Le niveau d'exigence est modeste ; aucun diplôme n'est requis. En cas d'erreur de casting, les conséquences seront limitées. Nous aurons juste à gérer pendant quelques semaines un « bras cassé », avec la possibilité de mettre fin prématurément au contrat en cas de faute lourde, comme l'absence au travail ou des retards répétés.

Quelques rares candidats bénéficient d'une recommandation, de la part d'un élu, ou, plus rarement encore, du Maire en personne, de « Marcel». Mais cela ne suffit pas toujours. Je me souviens d'un jeune candidat « recommandé », très décontracté, très détendu, avachi sur sa chaise, un sourire suffisant aux lèvres, mais malgré tout « disposé à nous faire l'honneur d'intégrer pour un mois ou deux l'équipe des gardiens ». La décision a été vite prise.

Justement, le type qui nous fait face a été recommandé par « Marcel ». L'affaire se présente mal. Il est bien âgé pour ce genre de poste : la quarantaine bien sonnée, avec un parcours professionnel chaotique. Il a semble-t-il été maçon ou un truc de ce genre, et a galéré de petits boulots en petits boulots entre deux périodes de chômage. Et de fait, il est actuellement au chômage depuis un bon moment.

À par cela, il a une bonne tête, calme, pas agressif pour un sou. Un bon gars avec une vie pas facile.

Nous n'avons pas grand chose à dire aux candidats. Pour ma part, je m'efforce d'observer leur comportement, tandis que mon collaborateur leur soumet d'improbables situations concrètes avec des jeunes ou des groupes de jeunes qui ne respectent pas les règles.

Il n'y a pas de bonnes réponses toutes faites. Et je serais bien embarrassé si je devais répondre à ce genre de question. Mais cela meuble le temps et permet de faire parler les candidats. Et puis, pour la décision finale, cela importe assez peu.

Cependant, le gars qui est donc devant nous (nous l'appellerons « H ») est réellement très peu loquace. Systématiquement, il se contente de répondre par un laconique mais plein d'assurance : « Pas de problème », sans plus de précision. Bref, il semble vouloir nous dire : « Laissez-moi en face de ces jeunes, et je m'en occupe. Faites-moi confiance pour vous régler cela en douceur ».

La discussion tourne court malgré notre insistance polie. Et nous voilà dans un certain embarras après son départ, lorsqu'il s'agit de prendre une décision.

Décidément, le type n'a pas le profil. Il pourrait être le père des autres agents, titulaires comme vacataires, ou leur grand frère, mais il a l'air sympathique et très paisible… Et il est recommandé par « Marcel ».

Écarter un candidat recommandé par le maire pour ce genre de poste de courte durée ne pose pas de problème lorsqu'on dispose d'arguments solides. Et c'est indiscutablement le cas. Personne ne viendra nous tirer les oreilles, même pas « Marcel ».

Mais on aime bien notre maire, et, si nous rejetons cette candidature, ce brave candidat va avoir une mauvaise opinion du maire. Il va penser que ce dernier s'est moqué de lui. Et cela nous contrarie sincèrement.

Alors, nous décidons de couper la poire en deux en ne recrutant « H » que pour une période d'un mois. Traîner ce type sympa, mais sans nul doute inutile, pendant un mois, ce n'est pas la mer à boire !

Nous sommes au début de l'année et les premiers vacataires ne prendront leur poste que dans quelques semaines, dont « H », le monsieur « Pas de problème ! ». Le temps passe et j'oublie un peu tout çà, jusqu'à ce que le responsable de l'équipe des gardiens vienne me voir pour me parler de « Pas de problème ». Et me dire que, que non seulement, il n'y a pas de problème avec « H », mais qu'il a une influence bénéfique sur l'ensemble de l'équipe, par son calme, le respect qu'inspire son âge.

Et finalement, le contrat de « H » est prolongé à 4 mois.

Mais l'histoire ne s'arrête pas là. Pendant cette même période, « Albert », le chef du service propreté, qui fait partie également de ma direction, est à la recherche de nouveaux agents. Recruter des agents de propreté n'est pas une sinécure non plus. Les bons candidats ne se bousculent pas. Aussi Albert n'hésite pas à me questionner et à questionner le responsable de l'équipe des gardiens au cas où parmi les derniers vacataires recrutés, il s'en trouverait un susceptible de faire l'affaire, un type sérieux qui ne pose pas de problème.

Et c'est ainsi que « Pas de problème » a été recruté comme balayeur au service propreté.

Alors qu'est ce qu'on dit ? : « Merci Marcel ! » Quelle leçon d'humilité !

Plus tard, je me suis posé la question de savoir si « Marcel » a recommandé « H » machinalement, ou s'il a plus ou moins senti qu'il avait en face de lui un brave homme plein de bonne volonté, qui méritait qu'on lui donne une chance. Et qu'en fait, pour un poste non qualifié, la bonne volonté est effectivement la qualité la plus importante.

Naturellement, je n'aurai jamais la réponse définitive à cette question, mais, connaissant un peu « Marcel », sa foi en la nature humaine, la seconde hypothèse me parait tout à fait plausible.

<u>Niveaux hiérarchiques pléthoriques :</u> Un des aspects de la bureaucratie.

Mais peut-être le clientélisme a-t-il sa part de responsabilité dans la multiplication des niveaux hiérarchiques lorsqu'il s'agit de caser un « pote », « un parent », un peu ou beaucoup bras cassé, sur un poste noyé dans une organisation aux multiples ramifications, où il risquera moins de nuire à l'ensemble, les maillons forts venant compenser les maillons faibles, réparer les dégâts qu'ils occasionnent.

Autres motivations plus ou moins conscientes : multiplier les possibilités de déroulement de carrière, auquel aspire en toute légitimité tout bon fonctionnaire ; ou encore moyen pour des hauts cadres incompétents de diluer les responsabilités afin de limiter la leur ou de se donner davantage d'importance.

Il y a quelques années, la maire de Paris déplorait le trop grand nombre de niveaux hiérarchiques dans ses services. Soit une dizaine selon ses dires dans certaines directions générales. Même pour une ville comme Paris forte d'un peu plus de 50 000 agents, cela fait beaucoup de grands, moyens et petits chefs.

Si l'on se représente l'organigramme d'une grande mairie comme une longue échelle avec des barreaux, cela peut faire sourire. Mais si cela n'était que cela ? En réalité, il faut imaginer une immense pyramide, pas nécessairement parfaite, mais suffisamment pyramidale pour que chaque chef se sente malgré tout un peu chef, avec un bureau, un secrétariat, éventuellement partagé, au minimum deux collaborateurs qui viennent à leur tour consolider la pyramide. Plus la logistique, les services fonctionnels pour gérer tout cela, eux aussi très pyramidaux. Ajouter un seul niveau hiérarchique et c'est toute la pyramide qui augmente de volume.

Et en fin de compte, comme le souligne Parkinson, nous retrouvons une armée de cadres, et autant de possibilités de réunions, de rapports, même si ce ne sont que des mémos, des courriers qui irriguent cette monstrueuse structure mouvante. Tout une ruche bourdonnante, entre la base qui exécute le boulot sans pouvoir prendre de décision et le super grand chef tout là-haut dans son immense bureau mystérieux qui lui ne fait que prendre des décisions, entre deux voyages, deux colloques, deux réunions mondaines, deux conférences, dans l'intérêt supérieur de son administration.

Autre facteur d'inflation des dépenses de personnel : l'augmentation importante du nombre de postes d'encadrement.

Lorsqu'un maire ou un président d'une grande collectivité territoriale se flatte de contenir l'augmentation du nombre d'agents de ses services, il ne prend pas en compte la progression importante du pourcentage des cadres, en particulier des cadres A. Chez les fonctionnaires, il existe trois catégorie : C (bas de l'échelle) ; B (cadres intermédiaires : rédacteurs, techniciens) et enfin A (cadres supérieurs : attachés, administrateurs, ingénieurs).

Par exemple, à effectif égal, la masse salariale augmentera fortement si la proportion des cadres A passe de 10 à 30 %. Pour ma part, j'ai pu observer dans une importante collectivité territoriale, en l'espace de 40 ans, une multiplication du nombre des cadres A avec un facteur que j'évalue entre 5 et 10, alors que l'effectif global augmentait assez peu. C'est énorme ! Une vraie armée mexicaine !

Je n'ai pas d'explication rationnelle à cette envolée des agents de catégorie A. Il y a sans doute plusieurs causes à ce phénomène, des raisons objectives liées à l'évolution des métiers, et d'autres, moins nobles, comme la déqualification des agents au fil du temps, comme le souligne Peter dans son ouvrage. Ainsi, tel poste occupé par le passé par un rédacteur (cadre B), se voit occupé par un attaché (cadre A). C'est la subtile conjugaison de divers facteurs qui a mon avis, explique, au moins en partie, ce type d'évolution coûteuse. Par ailleurs l'externalisation de certaines missions (réalisées par des acteurs extérieurs : sociétés privées, sociétés d'économie mixte, et même associations) est une manière de limiter artificiellement le nombre des fonctionnaires. Sans compter que, pour assurer le contrôle de ces intervenants extérieurs, il faudra maintenir un certains nombres d'agents, majoritairement des cadres.

<u>Anecdote inspirée (prudemment) d'un fait réel.</u> Invention du mouvement perpétuel.

Une « étude » (les possibilités ne manquent pas, technique ou non) est commandée à un bureau d'étude privé par un service municipal, avant d'être présentée pour accord et suite à donner à une commission mixte (élus/fonctionnaires).

La société prestataire a réalisé un remarquable travail avec des spécialistes très compétents (et même brillants). Très belle et passionnante étude donc, mais assez « fumeuse », assez « recherche fondamentale » et en fin de compte inutile, dont les chances de déboucher sur une application concrète sont nulles.

Les élus écoutent poliment et à la fin du remarquable exposé, le président de séance (pas dupe), demande avec un sourire malicieux : « Et maintenant on fait quoi ? »

Réponse prudente du prestataire après un moment de réflexion : « peut-être une nouvelle étude !»

Une étude qui débouche sur le lancement d'une nouvelle étude qui elle-même etc.

Certes, les élus ont pris le parti d'en sourire avant de siffler la fin de la partie, mais beaucoup de temps et d'argent perdu. Pourquoi en fait ?

Un participant à cette réunion en tant qu'observateur (suivez mon regard) s'adresse en aparté à son collègue responsable du service qui a engagé cette étude aussi fumeuse qui brillante. « Hé, Gaston, qu'est-ce qui t'a pris de commander ce truc bidon ? »

Et le collègue de botter en touche, un peu agacé : « Je n'y suis pour rien. C'était une idée de Norbert, un de mes collaborateurs ».

Ainsi, dans ce service qui multiplie par ailleurs les niveaux hiérarchiques, un maillon de cette longue chaîne de responsabilité a pu prendre l'initiative, sans que personne ne trouve à y redire, d'une étude coûteuse autant que superfétatoire. Bel exemple de dilution des responsabilités.

<u>Mille-feuille administratif :</u>

D'aucuns préfèrent le terme de mille-feuille territorial, ce qui paraît davantage indiqué lorsqu'on évoque les collectivités territoriales nées de la décentralisation.

En guise de première couche, très consistante, nous trouvons les communes. Et cela commence effectivement très fort. Les 36 000 communes d'autrefois ne seraient plus que… 35 000, après quelques trop timides et laborieux regroupements, et presque autant de guerres de clochers. Record européen ! Pas de quoi être fier ! Seuls les vendeurs d'écharpes tricolores y trouvent leur compte.

Dans le détail, on compterait environ 18 000 communes de moins de 500 habitants, dont 2 500 de moins de 100 habitants. À l'autre bout du spectre, on dénombre près de 230 communes de plus de 30 000 habitants.

Ensuite, à l'étage du dessus, on passe aux bons vieux départements nés de la Révolution de 1789, avec les chefs lieux de canton. Il s'agissait alors pour tout citoyen de pouvoir réaliser toutes les démarches administratives dans la journée, au pas d'un cheval. C'est en tout cas, ce que l'on m'a appris en primaire.

Et enfin, bien plus tardivement, ont été créées les régions (1982). Sans oublier bien entendu (mais il ne s'agit plus de collectivités territoriales) les ministères et les innombrables organismes et administrations d'état qui en dépendent.

Encore faut-il ajouter aux niveaux des communes, divers regroupements que sont les Métropoles, et plus modestes les communautés urbaines, les communautés d'agglomération, les communautés de communes (pour la France profonde) soit 1250 structures, sans oublier toutes sortes de syndicats communaux, par exemples pour gérer les ordures ménagères, et les sociétés d'économies mixtes et leurs petites sœurs les sociétés d'économie mixtes locales, de droit privé, mais complètement dépendantes des collectivités territoriales.

Anecdote impertinente : il y a quelques années, des journalistes d'investigation malicieux avaient repéré un syndicat intercommunal, dont le budget, assez conséquent, servait essentiellement à indemniser, assez grassement, les membres élus de son conseil d'administration. Interrogé, le président de ce syndicat plus ou moins bidon, avait répondu qu'il s'agissait de maires de petites communes, avec de très faibles indemnités, que le syndicat venait aider financièrement. Problème : les journalistes ont découvert que parmi ces « pauvres » maires, il y avait quelques entrepreneurs prospèrent. Leurs indemnités devaient leur servir d'argent de poche ! Plus fort encore ! La mission de tel élu, par ailleurs entrepreneur, était de contrôler l'activité de l'entreprise de son voisin d'assemblée.

Cela en fait du monde ! Des milliers d'élus avec leurs mairies, leurs indemnités et leurs secrétaires de mairie. Bien entendu, à Trifouillis-les-Oies et ses 5 habitants (le record est de 1 habitant, impossible de faire moins), on ne coûte pas cher aux contribuables, mais il reste néanmoins 17 000 communes de plus de 500 habitants avec pour le maire, une indemnité mensuelle d'un peu plus de 1000 euros maximum (que le conseil municipal vote ou non), et entre 500 et 1000 habitants, cela monte déjà à 1600 euros, certes mérités.

Au fait, toutes ces indemnités, cela représentent combien de dizaines de millions d'euros par mois ?

Et ce serait bien le diable si de temps à autres, et même plus souvent, tout ces gens-là ne posaient pas de temps en temps leurs pieds sur les mêmes platebandes, et se feraient les dents sur le même nonos malgré toute la vigilance du législateur !

<u>Domaines de compétences des collectivités territoriales</u> :

À chaque étage de la fusée territoriale correspondent des domaines de compétences obligatoires. Par exemple, pour la construction et la gestion des équipements d'enseignement public : aux communes le niveau élémentaire, aux départements les collèges, aux régions les lycées et enfin à l'État l'enseignement supérieur.

Par contre, certains domaines peuvent intéresser des collectivités territoriales différentes.

Et c'est le moment d'évoquer le serpent de mer en mue constante, navigant d'un plan à l'autre, qu'est la « politique de la ville ». Qui porte mal son nom d'ailleurs, puisqu'il s'agit de revitaliser les quartiers « sensibles », « prioritaires », c'est-à-dire les quartiers pauvres où on peut trouver de plus en plus souvent sa dose de ce que vous voulez à un bon prix.

Cette politique de la ville comporte deux volets : aides à des opérations d'urbanisme d'une part, actions sociales d'autre part. Avec le même constat largement partagé par les observateurs : malgré les milliards injectés depuis des années, cela n'a jamais donné de résultats durables probants. Ce qui n'enlève rien à la pertinence des propos du maire d'une ville très touchée par le problème des quartiers difficiles : « Sans toutes les actions entreprises, ne peut-on pas penser que la situation serait encore pire que celle que nous observons, et qui, effectivement ne nous satisfait pas ! »

<u>Situation vécue en rapport avec la politique de la ville.</u> Expérience personnelle.

Le volet « action sociale » de la politique de la ville consiste donc à financer des actions proposées par des associations de quartier ou des équipements de quartier dans les zones définies comme prioritaires.

Je dois remplacer au pied levé un cadre administratif à une réunion consacrée au choix des actions à subventionner. Je ne suis là qu'en observateur et pour rendre compte ensuite alors que cela ne fait pas partie de mes attributions.

Les années ont passées et je ne sais plus trop quels services de quels organismes sont présents. Je me souviens seulement avec certitude que la réunion est organisée et animée par un sympathique collègue de la mairie, dans une ambiance très « socioculturel » et sympathique entre fonctionnaires qui se côtoient régulièrement.

Après la mairie, le second acteur est la préfecture qui tient les cordons de la plus grosse bourse. Troisième larron ? Je ne sais plus. La région peut-être, ou la métropole, ou les deux ? Soit une douzaine de professionnels. Dont moi, le béotien de service, qui écoute et ne comprendrai qu'à la fin des 2 heures d'échanges quel était l'objectif véritable de cette réunion.

En fait, cette rencontre était tout simplement consacrée à établir le planning des nombreuses réunions à organiser pour aboutir au choix final et à la liste des heureux bénéficiaires, et définir de quelle manière seront répartis les crédits des différents financeurs. Avec une combinaison subtile des réunions techniques (celles des professionnels) et des réunions des décideurs (avec les élus des collectivités territoriales concernées et des représentants de la préfecture), tout en ménageant les susceptibilités des différents acteurs. Car, pour simplifier les choses, chaque financeur a ses critères de sélection des projets proposés.

Soit beaucoup de temps de fonctionnaires pour des enveloppes budgétaires d'autant plus modestes qu'elles sont largement amputées de financements pré-affectés à un équipement de quartier, qualifié par avance, ne laissant aux associations de quartier que quelques miettes.

<u>Autre exemple pouvant être rattaché à cette rubrique du millefeuille administratif.</u>

Bis repetita :

Cette grande ville réalise à travers la métropole dont elle est la principale entité territoriale de très importants travaux d'aménagements, confiés à une SEM (société d'économie mixte) qu'elle a créée fort pertinemment.

Qui dit très grosse opération d'aménagement dit gros impact sur la vie des habitants et donc importante communication.

Monsieur le Maire n'est pas tombé de la première pluie ; il connait la musique. C'est pourquoi il a décidé que cette campagne de communication serait prise en charge exclusivement par le service communication de la SEM.

Le service communication de la mairie obtempère de mauvaise grâce à cette injonction, jusqu'à ce qu'il pense avoir trouvé une faille qui lui permettrait de revenir dans la course.

Et c'est ainsi que deux importantes réunions sont organisées le même jour, dans la même salle de réunion, à deux heures d'intervalle, avec quasiment les mêmes personnes (une douzaine) pour parler de la même chose : la première organisée par la SEM, la seconde par les services de la mairie. Comment puis-je être certain de l'authenticité de cette fantaisie bureaucratique ? Facile ! J'ai participé à ces deux réunions !

Quelques coups de fil plus tard, le maire sifflera la fin de la fête en rappelant ses consignes. Là aussi, peu de chose, mais quelle perte de temps !

Inclassable : aide à l'enfance

Face à certaines situations, on peut nourrir des soupçons (qui ne sont que des soupçons) de gaspillage de l'argent public sans pourvoir en expliquer précisément les tenants et aboutissants : mauvaise organisation, incompétence, cupidité, corruption, laxisme…

L'aide à l'enfance coûte cher aux pouvoirs publics. Mais finalement, jamais assez cher lorsqu'il s'agit de sauver de l'enfer des gosses dont le seul tort est d'être nés dans la mauvaise famille ou que le destin a frappé cruellement, dont les premières années de vie n'ont été que tourments, mauvais traitements, ou pire encore, et qui, trop souvent, et malgré tout l'amour qui pourra leur être donné par la suite, resteront marqués à vie, quand ils ne reproduisent pas les détestables comportements qui ont été ceux de leurs parents biologiques au début de leur vie, perpétuant au fil des générations la chaine du malheur.

Les personnes qui accueillent des enfants placés par les services sociaux sont assez généreusement rémunérées. Ceux qui estiment que c'est trop bien payé peuvent toujours poser leur candidature. Cela tombe bien, les pouvoirs publics manquent de volontaires pour cette mission particulièrement ingrate, ce qui conduit les professionnels à ne pas être toujours très regardant sur les critères de sélection. Élever des enfants n'est pas une mince affaire. Alors, lorsque ce sont d'autres enfants que les vôtres, des enfants qui ont dû être enlevés à des parents défaillants, incapables de subvenir aux besoins élémentaires et à l'éducation de leur progéniture, cela est encore plus compliqué.

Cependant, les médias ne manquent pas, de temps à autres, de se faire l'écho de situations douloureuses, voir sordides, de gosses mal aimés dans des familles d'accueil de fortune (faute de mieux), délaissés, maltraités, abusés parfois, comme dans cette épouvantable affaire de meurtre d'une jeune fille en famille d'accueil, qui a permis de révéler, en parallèle, une affaire de violences sexuelles par le conjoint de l'assistante familiale agréée.

De même, d'anciens gosses placés peuvent témoigner de leur douloureuse vie d'errance de famille d'accueil en famille d'accueil dont la principale motivation était l'appât du gain. Il est recommandé aux familles d'accueil de ne pas trop s'attacher aux enfants placés. Pour certaines de ces familles, ce genre de recommandation est tout à fait superflu. Mais cela ne doit pas faire oublier le véritable dévouement de mamans d'accueil à qui l'administration reproche parfois d'en faire trop justement, et quelques beaux souvenirs pour des enfants et des jeunes sauvés de la misère affective et d'un destin cruel.

Pour les centres d'accueil collectifs, la situation n'est pas toujours reluisante comme le révèlent certaines enquêtes, avec d'importantes différences de coût d'un département à l'autre, des associations parfois prédatrices avec des responsables qui se goinfrent sur le dos des contribuables, tandis que les services départementaux préfèrent regarder ailleurs et payer sans se poser de question. Avec hélas trop souvent, et même si cela reste très rare, des cas de maltraitance et d'abus sexuels.

Dans l'histoire qui va suivre, réelle mais sans les noms, il ne sera question que de gros sous, ce qui m'autorise à conserver le ton souvent léger que j'ai adopté pour cet ouvrage.

Pierre et Paul sont deux cadres municipaux responsables de la réalisation d'un important équipement public. Un groupe scolaire ? Un grand équipement culturel ? Une maison de retraite ?

Un complexe sportif ?... Qu'importe, puisque tel n'est pas le cœur du sujet.

Une opération d'une certaine ampleur donc, un beau bébé que l'on peut évaluer entre 20 et 30 millions d'euros après actualisation.

Problème : pour la réalisation de cette opération, il est nécessaire de démolir un petit bâtiment de 1 500 mètres carrés environ, en partie occupé par un centre médico-éducatif (CME), géré par une structure associative titulaire d'un bail en bonne et due forme qui ne peut être résilié que dans délais incompatibles avec le planning de l'opération principale. De nos jours, on parlera d'institut-médico-éducatif. Chaque période à son vocabulaire, peut-être pour faire table rase de certaines errances du passé et repartir d'un meilleur pied.

Mais ladite association, qui dépend des services du conseil général (département), est compréhensive. Elle est disposée à libérer les lieux qu'elle occupe dès que la mairie lui aura aménagé d'autres locaux dans un équipement municipal désaffecté depuis plusieurs années. Financièrement, cela ne pose aucun problème. Il s'agit pour cette opération annexe, d'une broutille de 200 ou 300 000 euros, soit de l'ordre de 1% du coût de l'opération principale.

Second problème : le département et la mairie sont de couleurs politiques différentes, et l'association épaulée par les services départementaux de tutelle entend profiter de sa situation de force pour se montrer très exigeante pour ses futurs locaux. Par exemple, pour gratter quelques centimètres pour tel espace, elle demande impérativement le déplacement de murs porteurs. Certes, il est coutume de dire qu'en bâtiment, tout est possible à condition d'y mettre le prix, mais dans ce cas d'espèce, nos deux compères, Pierre et Paul, sont contrariés par ces exigences. Un peu pour le prix (mais il ne s'agit que d'argent public, alors !), davantage parce que ces demandes sont absurdes, et surtout parce que, comme tout un chacun, ils détestent être pris pour des imbéciles.

Mais ils ont beau insister, poliment car ils doivent éviter de braquer leurs interlocuteurs et de leur donner un prétexte pour dénoncer l'accord initial de principe, ces derniers n'en démordent pas. On est entre gentlemen mais on ne se fait pas de cadeau tout en gardant le sourire.

Nos deux compères sont de vieux briscards et savent que lorsqu'on ne peut pas entrer par la porte, on essaie de passer par la fenêtre en cherchant le point faible de la cuirasse, et le coup bien placé qui inverserait, ou du moins atténuerait, le rapport de force.

Pierre et Paul ont visité à plusieurs reprises le CME et échangé avec les responsables qui y travaillent, en particulier pour établir le programme de travaux des futurs locaux.

Ce CME accueillait (j'emploi l'imparfait car quelques décennies ont passées depuis) des enfants de primaires que les enseignants ne parvenaient pas à gérer, sans souffrir pour autant de pathologie psy lourdes. En clair, des mômes excessivement turbulents et perturbateurs. Professeur des écoles n'est pas un métier facile. Ces professionnels sont formés pour faire face à l'occasion à des situations délicates, mais dans certaines limites. Ils ne peuvent pas consacrer 90 % de leur temps à un seul élève perturbé et perturbateur en délaissant le reste de leur classe.

D'ailleurs, une adjointe au maire, directrice d'une école primaire explique à nos deux compères connaitre cette structure pour lui avoir par le passé confié un de ses élèves pendant quelques mois, le temps que des professionnels le remettre dans le droit chemin.

En parcourant les locaux du CME, Pierre et Paul ont observé une ambiance particulièrement calme et studieuse et la présence d'un important encadrement composé de psychologues leur a-t-on dit. Rien de plus naturel, mais un peu intrigant malgré tout, le nombre d'adultes leur paraissant réellement très important. C'est dans ce genre d'occasion qu'il leur a été précisé que la structure accueillait des cas pas trop difficiles, tandis que les mômes davantage perturbés étaient pris en charge dans d'autres établissements spécialisés.

Autre sujet d'étonnement : l'organisation du transport de la poignée d'écoliers (10 à 20 de mémoire) qui venaient de tout le département, soit jusqu'à 70 kilomètres. En effet, les gosses étaient amenés en taxi, sans aucune recherche d'optimisation. Soit un gosse par taxi. Pour les plus éloignés cela représentait 280 kms de taxi 4 jours par semaine, les taxis effectuant l'aller et retour deux fois dans la journée. À quel tarif ? Bonne question !

Ce centre réalisait sans nul doute un travail remarquable et indispensable, mais à quel coût ? Et si c'était cela le point faible de la cuirasse ? Une structure discrète et une manne financière pour une poignée de professionnels ?

Pierre et Paul décident alors de faire courir le bruit que la mairie s'intéresse à l'organisation et au budget de cette structure. Qui ne tente rien…

Aussi dit, aussitôt fait, et Paul, l'administratif aux nombreux réseaux se charge de glisser, incidemment, dans certaines oreilles choisies avec soin le message, « en toute confidence » bien entendu. En espérant que peut-être !...

Ce que nos deux amis n'avaient pas prévu, c'est la réaction foudroyante de leurs interlocuteurs de l'association et du département. Moins de 48 heures plus tard, l'affaire était définitivement pliée. Le CME faisait toute confiance à la mairie pour faire au mieux, en oubliant certaines exigences initiales. De bêtes incompréhensions !

Étonnant non !

Pierre et Paul ne se posèrent pas longtemps la question de savoir s'ils devaient approfondir le sujet, n'ayant d'ailleurs pas esquissé la moindre tentative de recherche. Ils avaient obtenu ce qu'ils voulaient et avaient autre chose à faire qu'à chercher des poux dans la tête d'une poignée de personnages sans importance pour eux.

Mais pourquoi cette réaction aussi rapide et aussi radicale ? Quels petits secrets dissimulait ce centre ? Peut-être pas grand-chose en fait, mais qui aurait pu poser question et faire grincer quelques dents. Ce centre faisait sans aucun doute un remarquable travail, mais certains acteurs avaient peut-être pris de mauvaises habitudes, outre le choix de recourir à des taxis en grand nombre. Par exemple, des temps d'intervention un peu exagérés, ou des horaires élastiques. Des prestations facturées mais pas toujours réalisées. Pures spéculations ?... Ne pas oublier que les champions de la fraude aux prestations sociales sont les professionnels de santé. On parle de centaines de millions d'euros par an ! Une broutille !

Et des services départementaux qui fermaient les yeux. Par complaisance ? Par facilité ?

En guise de conclusion

L'univers des collectivités territoriales peut paraître globalement bien trouble à la lecture de ce document, du détournement de l'argent public au bénéfice d'une armée d'escrocs, au gaspillage de ce même argent public provoqué par des fonctionnaires trop nombreux (loi de Parkinson) et qui aspirent à atteindre leur niveau d'incompétence (principe de Peter).

Cela vient du fait que je me suis focalisé sur ce qui n'allait pas, mais je n'oublie pas tous ces fonctionnaires (une large majorité) consciencieux et intègres au service de la collectivité, c'est-à-dire des citoyens, et ces élus tout aussi respectables et dévoués, avec une mention particulière pour les maires, des villes jusqu'aux petites commune, qui réalisent un travail très difficile, bien davantage que les députés, et plus encore, que les sénateurs, ces derniers bénéficiant pourtant d'indemnités et d'avantages bien plus considérables. La différence, qui fait toute la difficulté du mandat, c'est le lien direct avec les citoyens pour de multiples aspects de leur vie au quotidien. Lien qui s'estompe déjà avec les élus des groupements de communes, des départements et des régions.

Cependant, « l'évaporation » des deniers publics gérés par les collectivités territoriales est bien réelle et représente des sommes considérables qu'il est hélas très difficile d'évaluer faute (à ma connaissance) d'études sérieuses, générales et approfondies. Trop compliqué et surtout trop sensible politiquement.

Dans les collectivités territoriales, les infractions en matière d'escroqueries peuvent impliquer autant les fonctionnaires que les élus. La loi du silence (l'omerta) est généralement la règle par le jeu subtil d'un équilibre complexe qui soude les protagonistes, et la difficulté à rassembler des preuves.

Aussi est-il autant difficile d'évaluer l'ampleur du phénomène que d'en confondre les fautifs. Périlleuse est la situation des lanceurs d'alerte, et grande est leur solitude, sauf à trouver un appui auprès d'un syndicat qui lui aussi pourra dissimuler des secrets inavouables. Et gare aux représailles ! Personne n'apprécie les « balances ». Traître un jour traître toujours.

Il suffit que cet équilibre soit rompu pour que la sanction tombe comme dans le cas de Mr Robert. Parce que le contexte a évolué, qu'un profiteur s'est montré trop imprudent, trop gourmand. Une sanction généralement bien légère au regard des sommes détournées, lorsque cela se passe entre soi, comme dans le huis-clos du bureau d'un maire.

Les situations sont multiples. Aussi, lorsqu'un problème existe au sein d'un service, un maire, s'il est de toute façon responsable aux yeux de la loi, peut se retrouver victime des malversations d'un collaborateur ou d'un de ses élus, dont il découvre tardivement les turpitudes. Il sera au minimum coupable d'avoir fait entrer dans son équipe une brebis galeuse ou un collaborateur direct incompétent lorsqu'il s'agit de sélectionner des collaborateurs intègres qui à leur tour etc. Et il n'aura pas d'autre choix que de couvrir son collaborateur défaillant. Jusqu'à un certain point. Ainsi fonctionne la chaîne des responsabilités.

D'une manière générale, au sein de ce monde fermé l'omerta est la règle et la révélation de la vérité un combat et l'exception. Les fraudeurs un peu malins auront toujours une longueur d'avance, et on peut penser qu'ils sont rarement pris, ou s'en sortent trop souvent avec une petite tape sur les doigts.

Pour fermer la boucle sur la première partie de cet ouvrage, je propose de revenir à « l'affaire Robert » en citant Honoré de Balzac qui nous enseigne « qu'un mauvais arrangement vaut mieux qu'un bon procès ». Et de fait, c'est bien ainsi que les choses se terminent quand, trop rarement, le fonctionnaire ou l'élu indélicat pour ne pas dire corrompu est pris la main dans le sac, au grand dam (ou la grande fureur pour les plus acharnés) des partisans d'une morale plus exigeante.

Certes, dans les collectivités territoriales, le mal n'est pas partout fort heureusement. Tous les élus et tous les fonctionnaires ne sont pas des fraudeurs en puissance, mais il y en a et davantage qu'on aimerait le penser. Ce qui fait la différence entre un voleur d'œuf et un voleur de bœuf, c'est juste l'opportunité, le savoir-faire, la peur du gendarme et de la justice aussi. Supprimez cette peur et vous verrez la corruption se développer de manière considérable, se démocratiser, s'institutionnaliser même, comme dans certains régimes où la démocratie n'est qu'un mot qu'on se contente d'afficher en prenant soin de le vider de tout son sens, dans le meilleur des cas.

Alors, sans garde-fou, tous ces voleurs d'œuf dont on peut sourire se découvriront un appétit féroce. La lutte contre la corruption est une lutte sans fin. Ainsi est la nature humaine.

J'ai choisi d'aborder ces différents points conduisant au détournement ou au gaspillage de l'argent public avec une certaine légèreté. Pour ce qui concerne la corruption et autres infractions se traduisant par des détournements des deniers publics, les enjeux financiers restent modestes dans les faits dont je me suis inspiré, même si ces petits ruisseaux finissent par alimenter des rivières puis des fleuves. Plus conséquent mais quasiment impossible à évaluer est le problème des sureffectifs et de bureaucratie, que j'ai abordé avec la complicité de messieurs Parkinson et Peter.

Le sujet des lanceurs d'alerte est plus douloureux. Des fonctionnaires coupables d'être intègres et bons citoyens voient leur carrière gravement contrariée, avec des impacts en terme de rémunération pouvant avoir des répercutions sur le train de vie de toute une famille. « Non, mon petit poussin, pas de sport d'hiver cette année ; papa a voulu jouer au chevalier blanc et son régime indemnitaire (pour certaines catégories, cela peut dépasser largement 50 % du salaire indiciaire) a été supprimé. Alors, il faudra que tu t'habitues aussi au régime patates-nouilles». Aussi, dans les faits, très peu s'y risquent et on les comprend.

Des esprits chagrins feront remarquer que ces rares agents lanceurs d'alerte n'avaient qu'à faire comme les autres : se taire et s'en tenir à la loi de l'omerta. D'autant que pour compliquer les choses, parmi ces chevaliers blancs, il y a immanquablement quelques cas pathologiques, des « pisse-vinaigres » patentés, des complotistes maladifs, des aigris, des lanceurs d'alerte d'opérette qui feraient mieux de se concentrer sur leur travail pour lequel ils ne donnent pas satisfaction.

D'ailleurs, la législation accorde à l'employeur la possibilité de sanctionner un lanceur d'alerte si par ailleurs il peut justifier des manquements ou des insuffisances professionnelles sans rapport avec l'action engagée par l'agent. Ce dont peuvent hélas profiter certains employeurs mal intentionnés (forcément s'ils sont en infraction), quitte à monter en épingle certaines difficultés qui auraient été jugées bénignes en temps ordinaire ou même en fabriquant de toute pièce une supposée faute ou simple erreur professionnelle. On se souvient comment, dans l'ex URSS, des personnalités dérangeantes, après étude de leur état de santé, étaient fort à propos diagnostiquées atteintes de troubles mentaux et internées en hôpital psychiatrique. Guère mieux qu'un séjour au goulag !

Car on peut être un lanceur d'alerte, pertinent ou pas, et un agent incompétent. Et la législation ne pouvait pas ignorer cela, au risque de perturber gravement le bon fonctionnement d'une collectivité territoriale, une loi trop favorable aux lanceurs d'alerte pouvant être utilisée comme un refuge sécurisé par des fonctionnaires défaillants et peu scrupuleux afin de se rendre intouchables. Cruel dilemme et délicat équilibre à trouver!

Par ailleurs, pour être plus complet, j'aurais pu élargir mon champ d'investigation à d'autres pistes de réflexions, d'autres pratiques qui contribuent à la dilapidation des deniers publics, ou pour le moins leur mauvais usage, comme les émoluments illégaux qui concernent autant les élus que les fonctionnaires, les dépenses personnelles frauduleuses, le pantouflage (ou le bal des copains et des coquins).

Alors que faire ?

Que faire tout d'abord pour lutter contre la corruption que j'ai évoquée dans la première partie de mon ouvrage, et que j'ai qualifiée d'habitude pour la distinguer de la corruption de haut vol dont les médias se font à l'occasion l'écho et pour laquelle les tribunaux finissent par condamner les coupables, pas assez souvent et bien tardivement généralement ?

Et si la bonne question, pour ces fraudes à la petite semaine, la vraie bonne question était : « Le jeu en vaut-il la chandelle ? »

Bon an mal an, le législateur (les têtes bien pleines des ministères) fait son travail ; les textes pour l'attribution des marchés publics sont affinés et contourner la loi devient de plus en plus compliqué. Et pour les plus grosses affaires, les fraudeurs doivent se confronter aux journalistes d'investigation, de plus en plus inspirés et pugnaces, aux élus un peu moins naïfs etc.

Bref, Mr Robert, où qu'il soit à ce jour, jouissant chez lui d'une retraite mal méritée ou dans une EPHAD à compter tristement les jours, où au cimetière où il n'y a plus rien à compter pour lui, était un dinosaure. Cela ne signifie pas qu'il n'a pas de dignes héritiers, mais, je l'espère, moins nombreux, plus prudents, moins gourmands et plus souvent épinglés et contrariés dans leurs petites combines.

Et au final, ces faits de corruption de bas étage ne représentent pas grand-chose financièrement et on peut faire confiance à la majorité des élus, qui sont des personnes honnêtes et responsables pour être de plus en plus vigilants pour faire la police parmi leurs collaborateurs.

Reste le gros morceau que constitue le gaspillage en rapport avec les travaux de Peter et Parkinson.

Faute sans doute d'avoir approfondi les travaux de ces deux malicieux auteurs, je n'ai pas décelé chez eux une réelle volonté de proposer des pistes de réflexions pour lutter contre les dérives dont ils ont fait leurs choux gras et leur renommée relative. Peut-être qu'à leur époque, l'argent ne coûtait pas si cher et que la majorité des grands états avaient des comptes sains, bien avant les déficits vertigineux qui grèvent à présent leurs actions.

Ou peut-être ce sont-ils dit : « Nous avons faire notre part du boulot en ouvrant les yeux des responsables. À présent, ils n'ont pas d'excuse ; ils savent ! ». Ou bien : « Un élu averti en vaut deux ! »

Ne voulant pas être plus royaliste que le roi je me contenterai de quelques prudentes suggestions en mettant l'accent sur la prévention : transparence, formation des élus, vigilance dans les recrutements en n'hésitant pas à faire appel à des professionnels capables de déceler les profils suspects et à défaut, l'action curative, sans oublier la protection des lanceurs d'alerte qui ont tout intérêt à se tourner vers des associations spécialisées et reconnues, pour peu qu'elles bénéficient des compétences requises. À ce titre, les chartres éthiques proposées par certaines associations devraient être davantage connues et partagées.

Tout ceci n'est pas très gai. Aussi pour clore cet ouvrage sur une note souriante, je me contenterai d'une petite anecdote, un évènement dont j'ai été un acteur direct actif, il y a très longtemps, tendant à montrer que l'incompétence peut-être collective et comment des moyens municipaux conséquents peuvent être mobilisés et gaspillés dans un contexte de conditionnement collectif. Mais rien à voir avec les désastres évoqués précédemment : Numerus Clausus et EPR Flamanville.

C'EST UN SCANDALE ! Et je pèse mes mots.

Qu'on en juge ! Un habitant de la commune a subi un préjudice d'une extrême gravité, conséquence de l'incurie des services municipaux, de leur incapacité - ou bien animés d'une volonté de nuire - à désigner un coupable et obtenir réparation d'un préjudice matériel. Matériel et aussi moral, ledit habitant offensé n'étant pas n'importe qui, mais une personnalité de la plus haute importance au sein de la municipalité. En l'atteignant lui, ne cherche-t-on pas à atteindre une personne plus importante encore ?

Les faits tout d'abord : des travaux de voirie ont été réalisés dans la rue qui longe la propriété de la victime. Des travaux réalisés par des entreprises privées, mais sous la responsabilité des services techniques municipaux. Le souci est qu'il a plu dans la journée et que des flaques d'eau boueuse se sont formées par endroit. Conséquence funeste : un camion passant par là, sans doute un peu vite, a projeté un peu de cette eau sale sur la façade de la maison du riverain. En fait, c'est la partie basse de la porte de garage qui a été maculée.

De par sa position l'habitant a pu alerter la mairie au plus haut niveau, et, saisie, la haute hiérarchie a demandé que les ingénieurs et les techniciens concernés désignent un coupable et obtiennent réparation de toute urgence.

Cet incident est très ancien et je n'ai plus le souvenir de certains détails. Je me souviens cependant que les téléphones ont chauffé et que plusieurs agents ont passé un certain temps sur ce dossier délicat, en particulier sur le terrain. Je ne sais plus ce que je faisais dans cette histoire de voirie alors que j'étais responsable des travaux de bâtiments. Peut être qu'en haut lieu on a pensé que pour mieux évaluer la gravité du préjudice il fallait les lumières d'un ingénieur bâtiment. J'étais en quelque sorte l'expert idéal.

Quoi qu'il en soit, je me suis retrouvé sur le site en compagnie de collègues de la voirie. Des collègues ingénieurs ou techniciens, embarrassés et ne sachant que faire. Nous étions déjà en fin de journée et il n'y avait plus d'entreprise sur le chantier, alors que le problème devait être résolu dans les plus brefs délais. Ils n'étaient pas très sûrs non plus de l'identité du coupable et hésitaient à demander à une entreprise de faire le nécessaire, conscients, malgré la menace qui planait sur eux, que ce serait tuer une mouche avec un bazooka. Je me souviens toutefois que le plaignant n'était pas présent. Ou personne n'a osé cogner à sa porte.

Nous sommes restés un bon moment à échanger sur ce bout de trottoir devant le corps du délit. Jusqu'à ce que sous le coup d'une pulsion insensée, je prenne une initiative incroyable, sous le regard médusé et inquiet de mes collègues. Avisant un morceau de papier qui trainait à proximité, je m'en suis saisi pour, en quelques secondes, nettoyer les quelques tâches ridicules (quelques dizaines de centimètres carrés) qui souillaient la partie basse de la porte du garage, et qui avaient eu le temps de sécher.

Nous nous sommes regardés en silence et chacun est rentré chez soi.

Sur le moment, je n'ai pas essayé de comprendre comment on était arrivé à tant d'absurdité et de gâchis de temps. Avec le recul, j'ai pensé que ce riverain « important » avait dû se plaindre en haut lieu, mais sans donner de précision. À moins qu'il n'ait fait que relayer un message de sa dame sous le coup de l'émotion. Sans doute, tout là-haut, dans les arcanes du pouvoir municipal, si on avait eu connaissance de la réalité dérisoire des faits, on en aurait souri, au lieu de mobiliser les services comme si la maison du monsieur avait été crépie de boue sur toute la façade. Un esprit aigu de discipline a fait le reste.

Au fait, j'ai omis de mentionner la fonction de ce haut personnage sourcilleux sur la propreté de la porte de son garage. Il s'agissait du chauffeur de maire. Vous vous rendez compte : le chauffeur de monsieur le maire ! Rien que çà !

Cas tout à fait isolé et exceptionnel ! On aimerait le croire !